21世纪经济管理新形态教材 · 会计学系列

基础会计
模拟实训教程

董　普　滕　宇◎主　编
王　晶◎副主编

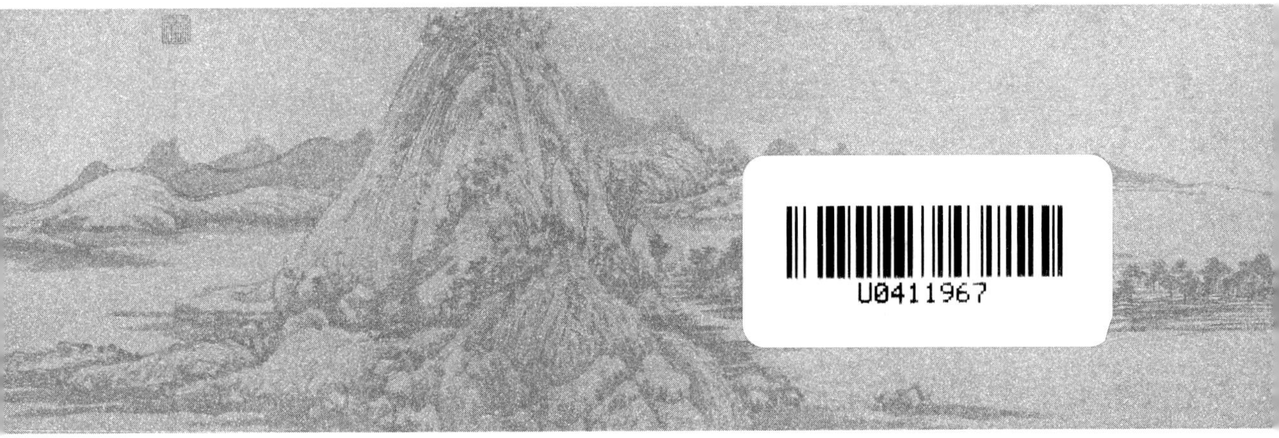

清華大学出版社
北　京

内 容 简 介

会计是一门操作性极强的学科，会计模拟实训是会计教学过程中一个不可或缺的基本环节，也是会计教学的重要内容。本书以会计准则和增值税转型为依据，由具有丰富教学、实践经验的教师编写，模拟了一个制造企业会计工作的实际流程。本书设计了包括原始凭证的填制，原始凭证的审核，记账凭证的填制，记账凭证的审核，日记账、总分类账和明细分类账的登记，更正错账，银行存款余额调节表的编制，对账、结账和试算平衡表的编制，会计报表的编制九个单项实验以及模拟建账、记账凭证会计核算形式、科目汇总表会计核算形式三个综合模拟实验，内容涵盖了会计核算全过程。

本书既可作为高等院校、高职高专院校财经类专业及其他相关专业会计课程的实训教学用书，也可作为具备一定会计基本知识和技能的经济管理人员的参考用书。

图书在版编目(CIP)数据

基础会计模拟实训教程/董普，滕宇主编．—北京：清华大学出版社，2022.12
21世纪经济管理新形态教材．会计学系列
ISBN 978-7-302-62255-0

Ⅰ．①基…　Ⅱ．①董…　②滕…　Ⅲ．①会计学—教材　Ⅳ．①F230

中国版本图书馆 CIP 数据核字(2022)第 231978 号

责任编辑：胡　月　徐永杰
封面设计：汉风唐韵
责任校对：王荣静
责任印制：沈　露

出版发行：清华大学出版社
网　　址：http://www.tup.com.cn，http://www.wqbook.com
地　　址：北京清华大学学研大厦 A 座　　**邮　　编：**100084
社 总 机：010-83470000　　**邮　　购：**010-62786544
投稿与读者服务：010-62776969，c-service@tup.tsinghua.edu.cn
质量反馈：010-62772015，zhiliang@tup.tsinghua.edu.cn
印 装 者：三河市龙大印装有限公司
经　　销：全国新华书店
开　　本：185mm×260mm　　**印　　张：**22.5　　**字　　数：**427 千字
版　　次：2022 年 12 月第 1 版　　**印　　次：**2022 年 12 月第1次印刷
定　　价：69.00 元

产品编号：096940-01

前言

PREFACE

本教材是基础会计实践性教学环节用书，宗旨是加深并筑牢学生理论和实操的紧密衔接，切实建立并提高学生的会计实际操作技能。

本教材具有以下突出特点：

(1) 本教材依据企业会计准则和国家最新财税政策等，快速对变化内容作出响应，体现与当前会计实态同步的实务操作方法。

(2) 本教材创新构建了会计实操的新体例。本教材完全仿真企业业务流程，构建首先分阶段模拟实操，然后进行整合的新颖会计实操方法。以往实操教材常常出现学生一套大账贯头尾、手忙脚乱脑无痕、整体印象模糊、收效甚微的局面。而本教材力图改变这种局面，通过创设系统分阶段练习，让学生把各阶段基础筑牢，然后达到对企业会计实务每部分和综合业务工作"拿来上手，做后上心"的效果。

(3) 本教材经济业务全面、精练、典型、实用。本教材以制造业企业为例，设计了12月份近80笔典型业务，涵盖一般企业主要的日常经济业务和特殊交易事项业务，实操过程简练、全面、突出重点，能起到"麻雀虽小、五脏俱全"、深入浅出、精练高效的实操作用。

本教材由董普、滕宇担任主编，制定编制大纲、总纂、修改和定稿，其中滕宇负责20万字，王晶、王海霞、梁源、顾珍为副主编，王超伟、黄奥、靳小彤、李文卓参与了部分章节的编写和修改工作。

我们吸收了会计理论的最新成果，参阅借鉴了同类教材及相关文献，汲取了会计专家的建议，并得到出版社的大力支持，在此，一并致以诚挚的谢意。

限于作者水平和时间，本书难免有不妥之处，敬请读者批评指正，以便及时修改。

编　者

2022年9月

目录
CONTENTS

第一部分
基础会计模拟实验绪论

一、基础会计模拟实验的目标和任务

基础会计模拟实验，其宗旨主要是通过仿真企业会计实务对学生进行分段和综合会计核算的模拟训练，培养学生会计实操观，提高学生会计执业胜任能力。其具体内容就是使学生初步掌握填制和审核各种原始凭证，编制和审核记账凭证，编制科目汇总表，学会现金日记账、银行存款日记账、各种明细账和总账的登记方法，掌握错账的更正方法，学会试算平衡表及银行存款余额调节表的编制方法，学会编制资产负债表和利润表，为学生今后从事会计工作、迅速适应岗位要求打下坚实的基础。

（一）基础会计模拟实验的目标

1. 夯实学习内容，提高会计业务操作技能

通过各项实验，要求学生做到：一会审核原始凭证，对反映每一笔经济业务的各种原始凭证，都能按现行会计制度的规定和相关经济法规进行认真审核，对于合规的与不合规的、完备的与不完备的各种原始凭证能够进行相应的处理；二会编制记账凭证，能够依据审核无误的原始凭证或原始凭证汇总表编制收、付、转记账凭证，并能根据审核无误的记账凭证编制汇总记账凭证；三会记账，能够依据审核无误的记账凭证及其所附的原始凭证登记现金日记账、银行存款日记账和各种明细账，依据审核无误的记账凭证、汇总记账凭证或科目汇总表，登记总分类账，并能对账、账项调整、结账或更正错账；四会编制会计报表，能够依据账簿资料编制资产负债表及利润表。

2. 深化理解会计专业，缩短与会计实务的距离

在基本掌握会计核算中证、账、表的编制技能和审核方法的基础上，再对照理论教材的学习，坚持把所学的会计基本原理和基本技术方法与会计具体核算操作的实验结合起来，坚持理论联系实际，从而加深对会计专业的认识，增强对所学专业的兴趣，为进一步学习后续会计专业课程打下坚实的理论和实践基础。

（二）基础会计模拟实验的任务

1. 通过基础会计模拟实验，进一步巩固课堂所学的理论知识

在实验中，要将理论课所讲的内容与实际操作进行对照，弄清模拟实验资料中全部经济业务的会计处理，有关数字的来龙去脉和相互关系，以及完整的核算过程和操作方法。

2. 通过实验操作，提高实际工作能力

在实验中，为学生配备齐全企业会计部门所用的各种凭证、账簿和报表，学生要按要求动手完成各项工作，提高实际操作能力。

二、基础会计模拟实验的内容

基础会计模拟实验由12项实验组成，具体包括以下内容。

（一）单项实验

（1）原始凭证的填制。
（2）原始凭证的审核。
（3）记账凭证的填制。
（4）记账凭证的审核。
（5）日记账、总分类账和明细分类账的登记。
（6）更正错账。
（7）银行存款余额调节表的编制。
（8）对账、结账和试算平衡表的编制。
（9）会计报表的编制。

（二）综合实验

（1）模拟建账。
（2）记账凭证会计核算形式。
（3）科目汇总表会计核算形式。
完成全部基础会计模拟实验的学习需60～80学时。

三、基础会计模拟实验的要求

进行会计模拟实验时，一般应遵循以下几点要求。

（一）以企业实际发生的经济业务为模拟实验的内容

在企业的经济活动中，各核算单位的情况千差万别，经济业务纷繁复杂，不可能把企业的经济业务都列入模拟实验的内容之中，只能选择其中具有代表性的基本经济业务为模拟实验的内容，通过对这些经济业务的账务处理，掌握处理经济业务的基本操作方法。

（二）以企业实际财务部门使用的证、账、表为模拟实验用品

按照企业实际会计部门组织会计核算的程序、方法和所使用的证、账、表为模拟实验用品来组织会计模拟实验，以增强模拟实验的真实性，让学生获得感性认识，扩大视野，开阔思路，作为形成科学概念的账务基础。实验时一律使用统一格式的凭证、账簿、报表，凭证、账簿以及报表的项目要按有关规定填写清楚、完整。

（三）以现行的会计法规、准则、制度、规定为依据，进行会计事项的处理

模拟实验操作等同于实际工作，在实验中对每一项经济业务的处理，都要依据会计核算程序及有关规章制度进行，依据审核无误的原始凭证或原始凭证汇总表认真填制会计凭证，登记会计账簿以及编制会计报表。

（四）按照标准、规范的格式进行文字、数字的书写

会计工作对文字和数字书写的基本要求是：简明扼要、正确、整洁、清楚、规范、清晰。书写有错误时，应按规定方法改正，不得任意涂改、刮擦和挖补，改正之后须在改写的地方加盖自己的印章。除按规定必须用红墨水笔外，所有文字、数字都应使用黑（蓝黑）墨水笔书写（填写现金支票、转账支票必须使用黑色墨水笔或签字笔）；不准使用铅笔和圆珠笔进行填写（复写凭证除外）。在进行数字计算时，计算过程保留小数点后4位，计算结果保留小数点后4位（分位为止）。凡分配额指标，最后一个指标用减法计算。

（五）严格按实验程序进行操作

弄清每个模拟实验的目标和要求；认真思考理解题意及实验步骤和程序后再动手操作，并严格按照要求和程序进行；要按规定的时间，完成模拟实验训练的全部任务；认真履行工作职责，遵守会计职业道德；做完后要认真检查，防止遗漏和错误。

（六）做好会计档案的装订和保管工作

会计凭证、账簿、报表是重要的会计档案，它是记录与反映企业经济业务的史料和凭据，各单位在完成经济业务手续和记账手续后，必须按照规定的归档制度，形成会计档案，妥善保管。

此外，每次实验均要求学生认真按规定填写“实验报告单”，全部实验须在会计实操实验室进行。

四、基础会计模拟实验的程序与步骤

会计模拟实验的方法就是完成会计模拟实验的任务、达到会计模拟实验目标的一种手段，具体包括以下几方面内容。

（1）明确模拟实验的具体目标和要求。

(2) 审查和分析所要实验的经济业务的内容、性质和类别。
(3) 根据审核无误的各种原始凭证或汇总原始凭证编制记账凭证。
(4) 根据审核无误的收、付款凭证逐日逐笔登记现金、银行存款日记账。
(5) 根据审核无误的记账凭证及所附原始凭证登记各种明细分类账。
(6) 根据审核无误的记账凭证或科目汇总表或汇总记账凭证登记总分类账。
(7) 调整有关账项,对账;根据账簿记录编制发生额及余额试算平衡表,结账。
(8) 根据总分类账和明细分类账记录编制会计报表。
(9) 会计凭证的装订与保管。

五、有关考核参考建议

基础会计模拟实验作为实践教学课程,是会计专业学生的必修课,实验成绩单独考核。实验成绩由实验指导老师根据学生完成各项实验的情况给出。

对各考评指标的具体实验设计如下。

(一) 记账凭证

(1) 年、月、日及编号是否齐全、连续。
(2) 是否标明了附件张数。
(3) 同号分页记账凭证是否采用分数编号法按 $1/n, 2/n, 3/n, \cdots$ 编号。
(4) "制单""记账""审批"处是否填写有经办人员的姓名。
(5) 记账后是否标有记账符号"V"。
(6) 明细会计科目是否完整、正确。
(7) 一张记账凭证上不许有两处及以上更改或错误。

(二) 账簿

(1) 上年结转数是否盖有"上年结转"印章以及标明余额的方向。
(2) 月计、累计是否正确。
(3) 余额表示位置是否正确。
(4) 数量金额式账户是否有数量记录。
(5) 结转下年是否正确。
(6) 一张账页上不允许有四处及以上更改。

(三) 报表

(1) 整洁,不可以出现刮、擦、挖、补、涂的数字。
(2) 正确,每个项目计算准确无误。

六、模拟企业基本概况

模拟企业基本概况如表 1-1 所示。

表 1-1　模拟企业基本概况

企业名称：北京市西飞机械制造有限责任公司 开户银行：中国工商银行北京市分行西坝河分理处 账　　号：0200538801093378911 联系电话：62500188 地　　址：北京市开发区228 号 邮　　编：102100 纳税人识别号：110060055660990000 计算机代码：19147770 法人代表：李蒲　财务主管：王之　会计：马虹　出纳员：红英

北京市西飞机械制造有限责任公司 202×年 12 月初有关账户的期初余额如下(以下资料在登记账簿时及以后各阶段使用)。

(1) 账户期初余额表,具体如表 1-2 所示。

表 1-2　账户期初余额表　　单位：元

科目名称		方向	期初余额	科目名称		方向	期初余额
总账	明细账			总账	明细账		
现金		借	7 000.00	短期借款		贷	36 000.00
银行存款		借	301 174.50	应付票据		贷	55 000.00
其他货币资金		借	244 500.00		北胜公司	贷	8 200.00
	存出投资款	借	244 500.00		世纪公司	贷	46 800.00
交易性金融资产		借	6 000.00	应付账款		贷	40 000.00
	债券投资	借	6 000.00		永和公司	贷	14 000.00
应收票据		借	30 000.00		利民公司	贷	26 000.00
	美佳公司	借	20 000.00	预收账款		贷	60 200.00
	芙蓉公司	借	10 000.00		五倍发展	贷	50 200.00
应收账款		借	135 000.00		祥和科技	贷	10 000.00
	华光公司	借	131 490.00	应付福利费		贷	35 000.00
	酒茜公司	借	3 510.00	应交税费		贷	110 974.00
坏账准备		借	675.00		未交增值税	贷	30 000.00
预付账款			54 000.00		应交城建税		2 100.00
	希科公司	借	34 000.00				
	华富公司	借	20 000.00		应交个人所得税	贷	7 325.00
其他应收款		借	6 000.00		应交所得税	贷	70 649.00
	刘东	借	1 200.00		应交教育费附加	贷	900.00
	王静	借	4 800.00	应付利息		贷	3 292.00
原材料		借	235 000.00		修理费用	贷	2 513.00
原料及主要材料		借	235 000.00		利息费用	贷	779.00
	A 材料	借	140 000.00	其他应付款		贷	3 500.00
	B 材料	借	95 000.00		张英	贷	1 400.00
周转材料	包装物	借	6 200.00		存入保证金	贷	2 100.00
	低值易耗品	借	5 655.00				

续表

科目名称		方向	期初余额	科目名称		方向	期初余额
总账	明细账			总账	明细账		
库存商品		借	210 000.00				
分期收款发出商品		借	132 873.00	长期借款		贷	4 958 200.00
	甲产品	借	132 873.00		经营借款 004＃	贷	555 200.00
材料成本差异		借	－2 773.50	基础建设借款		贷	4 403 000.00
	原材料差异	借	－2 773.50		生产线 002＃	贷	4 200 000.00
					厂房扩建 003＃	贷	203 000.00
						贷	
				股本		贷	4 640 000.00
					东方公司	贷	2 651 000.00
					信达公司	贷	1 025 000.00
长期股权投资		借	100 000.00		北方公司	贷	964 000.00
其他股权投资		借	100 000.00	资本公积		贷	273 150.00
	环宇集团	借	100 000.00		资本溢价	贷	273 150.00
固定资产		借	11 201 000.00	盈余公积		贷	48 775.00
	生产经营用	借	7 160 000.00		法定盈余公积	贷	32 517.00
	非生产经营用	借	4 041 000.00		法定公益金	贷	16 258.00
累计折旧		借	2 230 500.00	本年利润		贷	500 000.00
在建工程		借	175 000.00	利润分配		贷	
出包工程		借	175 000.00		未分配利润	贷	
	产房扩建	借	175 000.00	生产成本		贷	
无形资产		借	130 000.00	基本生产成本		贷	190 000.00
	001 专利权	借	30 000.00		甲产品	贷	100 000.00
	002 专利权	借	100 000.00		乙产品	贷	90 000.00

（2）“生产成本-基本生产成本”明细账期初余额，具体如表 1-3 所示。

表 1-3 “生产成本-基本生产成本”明细账期初余额

产品名称	数量/箱	成本项目/元			合计/元
		直接材料	直接人工	制作费用	
甲产品	80	35 000	53 000	12 000	100 000
乙产品	120	34 000	46 000	10 000	90 000
合计		69 000	99 000	22 000	190 000

（3）“产成品”明细账期初余额，具体如表 1-4 所示。

表 1-4 “产成品”明细账期初余额

产品名称	数量/箱	总成本/元	单位成本/元
甲产品	55	121 800	2 214.55
乙产品	60	88 200	1 470
合计		210 000	

（4）“分期收款发出商品”明细账期初余额，具体如表 1-5 所示。

表 1-5 “分期收款发出商品”明细账期初余额

产品名称	数量/箱	总成本/元	单位成本/元
甲产品	60	132 873	2 214.55
合计	60	132 873	2 214.55

（5）“原材料”明细账期初余额，具体如表 1-6 所示。

表 1-6 “原材料”明细账期初余额

材料名称	材料编号	计量单位	数量	计划单价	金额
A 材料	K150	千克	2 000	70	140 000
B 材料	M137	千克	1 900	50	95 000
合计					235 000

（6）“低值易耗品”“包装物”明细账期初余额，具体如表 1-7 所示。

表 1-7 “低值易耗品”“包装物”明细账期初余额

名称	编号	计量单位	数量	单价	金额
工作服	K160	套	39	145	5 655.00
包装箱		个	50	124	6 200.00
合计					11 855.00

（7）本月产品投产及完工情况，具体如表 1-8 所示。

表 1-8 本月产品投产及完工情况 单位：箱

产品名称	本月投入数量	本月完工数量	月末在产品数量
甲产品	60	80	60
乙产品	150	160	110

（8）单位原材料消耗定额，具体如表 1-9 所示。

表 1-9 单位原材料消耗定额

产品类别	计量单位	消耗 A 材料单位定额	消耗 B 材料单位定额
甲产品	千克	12	5
乙产品	千克	7	4

第二部分

基础会计分段模拟实验部分

实验设计一　原始凭证的填制

一、实验设计目标

原始凭证的填制是会计工作初始环节，本项实验设计使学生明确原始凭证应具备的基本要素，熟悉会计工作中常用原始凭证的格式、内容及其用途，掌握原始凭证的填制方法。

二、实验设计指南(特别提示)

(一) 原始凭证的基本要求

(1) 原始凭证的内容必须具备凭证的名称、填制凭证的日期、填制凭证单位名称或者填制人姓名、经办人员的签名或者盖章、接受凭证单位名称、经济业务内容、数量、单价和金额。

(2) 从外单位取得的原始凭证，必须盖有填制单位的公章；从个人取得的原始凭证，必须有填制人员的签名或者盖章。自制原始凭证必须有经办单位领导人或者其指定的人员签名或者盖章。对外开出的原始凭证，必须加盖本单位公章。

(3) 凡填有大写金额和小写金额的原始凭证，大写金额与小写金额必须相符。购买实物的原始凭证，必须有验收证明。支付款项的原始凭证必须有收款单位和收款人的收款证明。

(4) 一式几联的原始凭证，应当注明各联的用途，只能以一联作为报销凭证。一式几联的发票和收据，必须用双面复写纸(发票和收据本身具备复写纸功能的除外)套写，并连续编号。作废时应当加盖“作废”戳记，连同存根一起保存，不得撕毁。

(5) 发生销货退回的，除填制退货发票外，还必须有退货验收证明；退款时，必须取得对方的收款收据或者汇款银行的凭证，不得以退货发票代替收据。

(6) 职工公出借款凭据,必须附在记账凭证之后。收回借款时,应当另开收据或者退还借据副本,不得退还原借款收据。

(7) 经上级有关部门批准的经济业务,应当将批准文件作为原始凭证附件。如果批准文件需要单独归档的,应当在凭证上注明批准机关名称、日期和文件字号。

(8) 原始凭证不得涂改、挖补。发现原始凭证有错误的,应当由开出单位重开或者更正,更正处应当加盖开出单位的公章。

(9) 会计机构、会计人员要根据审核无误的原始凭证填制记账凭证。

(二) 原始凭证的填制

为了保证会计基础工作和全部会计核算的质量,真实、准确、及时地反映和记录经济业务的内容,在原始凭证填制过程中应遵守下列要求。

(1) 内容完整。每张原始凭证的内容必须逐项填写齐全。例如,原始凭证的名称,接受凭证的单位,凭证的日期,经济业务的内容、数量、金额,填制人及有关的印鉴等。外币要注明货币单位。

(2) 记录真实。凭证必须如实地记载所发生的经济业务,不得伪造、乱编原始凭证。

(3) 填制及时。每项经济业务的部门或人员必须及时填制有关原始凭证。

(4) 填写的有关规定。要求使用蓝、黑墨水笔,用钢笔或特殊书写笔书写,文字应清楚、工整,易于辨认。按国家公布的标准汉字书写,不得臆造文字;经济业务内容应简明扼要;经济业务的数量、单价和金额要按规定填写,金额数字不得随笔连写,空白金额行应加斜线注销,合计金额前要加写人民币符号"¥",金额计算要准确无误,大小写数字规范,大小写金额保持一致。

(5) 汉字大写数字金额,如零、壹、贰、叁、肆、伍、陆、柒、捌、玖、拾、佰、仟、万、亿等,一律用正楷或者行书体书写,不得用另、一、二、三、四、五、六、七、八、九、十等简化字代替,不得任意自造简化字。大写金额数字到"元"或者"角"为止的,在"元"或者"角"字之后应当写"整"或者"正"字;大写金额数字有"分"的,"分"字后面不写"整"或者"正"字。

(6) 大写金额数字前未印有货币名称的,应当加填货币名称,货币名称与金额数字之间不得留有空白。

(7) 阿拉伯金额数字中间有"0"时,汉字大写金额要写"零"字;阿拉伯数字金额中间连续有几个"0"时,汉字大写金额中可以只写一个"零"字;阿拉伯金额数字元位是"0",或者数字中间连续有几个"0"、元位也是"0"但角位不是"0"时,汉字大写金额可以只写一个"零"字,也可以不写"零"字。

三、实验设计

(1) 熟悉各项经济业务及其背景与经济环境。

(2) 依据有关法规,根据实验设计资料的要求和提示依次填制各种原始凭证,清楚所填制原始凭证的种类。

四、实验设计用品

支票(现金支票、转账支票)、进账单、借款单、发货票(或增值税专用发票)、领料单、收料单等各种原始单证。

五、实验设计步骤和程序

(1) 现金支票的填制。
(2) 转账支票的填制。
(3) 收据的填制。
(4) 税收缴款书的填制。
(5) 差旅费报销单的填制。
(6) 增值税专用发票的填制。
(7) 现金缴款单的填制。
(8) 收款进账单的填制。
(9) 借款单的填制。
(10) 发料汇总表的填制。
(11) 制造费用分配表的编制。
(12) 银行电汇和信汇凭证的填制。

六、实验设计时间

实验设计时间为 2 学时。

七、实验设计资料

根据以下经济业务，填制有关原始凭证，并对原始凭证的内容和填写情况进行检查；说明各项经济业务应分别填制哪种记账凭证，也要熟悉每项经济业务发生后会取得哪些相对应的原始凭证。

【资料】

以下业务是北京市西飞机械制造有限责任公司子公司紫薇公司发生的业务。

紫薇公司基本情况如表 2-1 所示。

表 2-1 紫薇公司基本情况

企业名称：北京市西飞机械制造有限责任公司子公司紫薇公司
开户银行：中国工商银行北京市分行安定门支行(基本存款户)
账　　号：0200160101040019608
联系电话：82321757
地　　址：北京市中关村科技园区祥元东路 1 号
邮　　编：102100
纳税人识别号：110229773381052000
计算机代码：19147770
法人代表：赵杰　　财务主管：王刚　　会计：留留　　出纳员：黎苗

紫薇公司主要供应商和客户如表 2-2 所示。

表 2-2　紫薇公司主要供应商和客户

名　　称	纳税人识别号	开　户　行	账　　号	地　　址
天津锋锐钢铁公司	130229566985602000	中国工商银行天津市分行长江路办事处	0302121602346700000	天津市河西区长江路 23 号
北京市摩胜钢铁厂	110229894563211000	中国工商银行北京市分行和平里办事处	0200121016236986000	北京市东城区和平里南口 21 号
北京市南田公司	110267369816000000	中国工商银行北京市分行大望路办事处	0200121166002369246	北京市朝阳区大望路 59 号
北京市景玉公司	110323000531011000	中国工商银行北京市分行光明路办事处	0200121166012996563	北京市石景山区光明路 10 号
上海市宏飞公司	102115668892100000	中国工商银行上海市分行南京路支行	1001121236589000440	上海市南京路 28 号

202×年 12 月 5 日、30 日，该公司发生下列业务：

(1) 12 月 5 日，北京市西飞机械制造有限责任公司子公司紫薇公司的投资方南方公司，按照公司关于增资扩股的决议，投入资本金 180 000 元已到位，存入企业银行存款户。南方公司账号为 0200258974135347494，开户银行为中国工商银行劲松支行。银行业务回单如表 2-3～表 2-5 所示。收据如表 2-6 所示。

表　2-3

中国工商银行业务回单（收款）　　1

日期：202×年 12 月 5 日

回单编号：21120000001

付款人户名：南方公司　　付款人开户行：中国工商银行劲松支行

付款人账号(卡号)：0200258974135347494

收款人户名：北京市西飞机械制造有限责任公司子公司紫薇公司　　收款人开户行：中国工商银行北京市分行安定门支行

收款人账号(卡号)：0200160101040019608

金额：⊗壹拾捌万元整　　小写：180000.00 元

业务(产品)种类：代理业务　　凭证种类：000000000　　凭证号码：0000000000000000

摘要：　　用途：　　币种：人民币

交易机构：0020000019　　记账柜员：00003　　交易代码：70758　　渠道：批量业务

客户附言：

汇出行：　　汇出行名称：

本回单为第 1 次打印，注意重复　　打印时间：202×年 12 月 5 日

此联是银行给收款人的回单

表 2-4

中国工商银行业务回单(收款)　　2

日期：202×年12月5日
回单编号：21120000001
付款人户名：南方公司　　付款人开户行：北京工商银行劲松支行
付款人账号(卡号)：0200258974135347494
收款人户名：北京市西飞机械制造有限责任公司子公司紫薇公司　　收款人开户行：中国工商银行北京市分行安定门支行
收款人账号(卡号)：0200160101040019608
金额：⊗壹拾捌万元整　　小写：180000.00元
业务(产品)种类：代理业务　　凭证种类：000000000　　凭证号码：0000000000000000
摘要：　　用途：　　币种：人民币
交易机构：0020000019　　记账柜员：00003　　交易代码：70758　　渠道：批量业务
客户附言：
汇出行：　　汇出行名称：

本回单为第1次打印，注意重复　　打印时间：202×年12月5日

此联是由收款人开户银行作贷方凭证

表 2-5

中国工商银行业务回单(收款)　　3

日期：202×年12月5日
回单编号：21120000001
付款人户名：南方公司　　付款人开户行：北京工商银行劲松支行
付款人账号(卡号)：0200258974135347494
收款人户名：北京市西飞机械制造有限责任公司子公司紫薇公司　　收款人开户行：中国工商银行北京市分行安定门支行
收款人账号(卡号)：0200160101040019608
金额：⊗壹拾捌万元整　　小写：180000.00元
业务(产品)种类：代理业务　　凭证种类：000000000　　凭证号码：0000000000000000
摘要：　　用途：　　币种：人民币
交易机构：0020000019　　记账柜员：00003　　交易代码：70758　　渠道：批量业务
客户附言：
汇出行：　　汇出行名称：

本回单为第1次打印，注意重复　　打印时间：202×年12月5日

此联是银行给收款人的收账通知

表　2-6

收　　据

202×年 12 月 5 日　　　　No：079177

今收到　南方公司				
人民币(大写)⊗壹拾捌万元整			¥180000.00	
事由：			现金：	
			支票	
收款单位		财务主管		收款人

第一联　存根

(2) 12 月 5 日，设备科王达去海南采购设备，填制借款单借款 9 000 元。借款单如表 2-7 所示。

表　2-7

借　款　单

202×年 12 月 5 日　　　　单位：元

工作部门	设备科		姓　　名	王达	
借款理由	设备采购				
借款金额	¥9000.00		批准金额	¥9000.00	
人民币(大写)	⊗玖仟元整			付款方式	
借款人	王达	财务经理		单位领导审批	

(3) 12 月 5 日，公司支付前欠东方公司的货款 400 405.50 元。银行业务回单支票如表 2-8 所示。

(4) 12 月 5 日，公司出纳黎苗开出现金支票一张 120 000 元，从银行提取现金，备发工资。现金支票如表 2-9 所示。

表 2-8

中国工商银行业务回单(付款)

日期：202×年 11 月 5 日
回单编号：21120000002
付款人户名：北京市西飞机械制造有限责任公司子公司紫薇公司　　付款人开户行：中国工商银行北京市分行安定门支行
付款人账号(卡号)：0200160101040019608
收款人户名：东方公司　　收款人开户行：中国工商银行北京市分行中关村支行
收款人账号(卡号)：0200258953672679431
金额：⊗肆拾万零肆佰零伍元伍角零分　　小写：400405.50 元
业务(产品)种类：代理业务　　凭证种类：000000000　　凭证号码：0000000000000000
摘要：　　用途：　　币种：人民币
交易机构：0020000037　　记账柜员：00002　　交易代码：70584　　渠道：批量业务
代理业务种类名称：　　合同号：　　账期：
费用明细：

本回单为第 1 次打印，注意重复　　打印时间：202×年 11 月 5 日

此联是付款人开户行给付款人的回单或付款通知

表 2-9

中国工商银行 现金支票存根(京)

Ⅵ　Ⅱ03335689
科　　目
对方科目
出票日期 202×年 12 月 5 日

收款人：紫薇公司
金　额：¥120000.00
用　途：工资

单位主管　　会计

中国工商银行现金支票(京)　　Ⅵ Ⅱ **03335689**

出票日期(大写) 贰零贰×年壹拾贰月零伍日　开户行名称：工行安定门支行
收款人：北京市西飞机械制造有限责任公司　出票人账号：0200160101040019608

本支票付款期十天

人民币(大写)	⊗壹拾贰万元整	千	百	十	万	千	百	十	元	角	分
			¥	1	2	0	0	0	0	0	0

用途工资　　科目(借)
上列款项请从我账户内支付　　对方科目(贷)
付讫日期　202×年 12 月 5 日
出票人盖章　　出纳　记账　复核
贴对号单处　Ⅵ Ⅱ 03335689

(5) 12 月 5 日，北京市西飞机械制造有限责任公司子公司紫薇公司因购买材料签发期限 6 个月的商业承兑汇票一张，收款人顺昌公司，账号为 0200121102399765120，开户行农行望京支行，金额 80 100.38 元。出纳员填制商业承兑汇票。商业承兑汇票如表 2-10～表 2-12 所示。

表 2-10

中国工商银行 商业承兑汇票（卡 片） 1 汇票号码

出票日期（大写） 贰零贰×年 壹拾贰月 零伍 日 第 号

<table>
<tr><td rowspan="3">付款人</td><td>全称</td><td colspan="3">北京市西飞机械制造有限责任公司子公司紫薇公司</td><td rowspan="3">收款人</td><td>全称</td><td colspan="10">顺昌公司</td></tr>
<tr><td>账号</td><td colspan="3">0200160101040019608</td><td>账号</td><td colspan="10">0200121102399765120</td></tr>
<tr><td>开户银行</td><td colspan="3">工行北京分行安定门支行</td><td>开户银行</td><td colspan="10">农行望京支行</td></tr>
<tr><td colspan="2" rowspan="2">出票金额</td><td colspan="5" rowspan="2">人民币
（大写）⊗捌万零壹佰元叁角捌分</td><td>千</td><td>百</td><td>十</td><td>万</td><td>千</td><td>百</td><td>十</td><td>元</td><td>角</td><td>分</td></tr>
<tr><td></td><td></td><td>¥</td><td>8</td><td>0</td><td>1</td><td>0</td><td>0</td><td>3</td><td>8</td></tr>
<tr><td colspan="3">汇票到期日（大写）</td><td colspan="2">贰零贰×年零陆月零伍日</td><td colspan="2">交易合同号码</td><td colspan="10">0454</td></tr>
<tr><td colspan="5">出票人签章</td><td colspan="12">备注：</td></tr>
</table>

此联承兑人留存

表 2-11

中国工商银行 商业承兑汇票 2 汇票号码

出票日期（大写）贰零贰×年壹拾贰月零伍日 第 号

<table>
<tr><td rowspan="3">付款人</td><td>全称</td><td colspan="3">北京市西飞机械制造有限责任公司子公司紫薇公司</td><td rowspan="3">收款人</td><td>全称</td><td colspan="10">顺昌公司</td></tr>
<tr><td>账号</td><td colspan="3">0200160101040019608</td><td>账号</td><td colspan="10">0200121102399765120</td></tr>
<tr><td>开户银行</td><td colspan="3">工行北京分行安定门支行</td><td>开户银行</td><td colspan="10">农行望京支行</td></tr>
<tr><td colspan="2" rowspan="2">出票金额</td><td colspan="5" rowspan="2">人民币
（大写）⊗捌万零壹佰元叁角捌分</td><td>千</td><td>百</td><td>十</td><td>万</td><td>千</td><td>百</td><td>十</td><td>元</td><td>角</td><td>分</td></tr>
<tr><td></td><td></td><td>¥</td><td>8</td><td>0</td><td>1</td><td>0</td><td>0</td><td>3</td><td>8</td></tr>
<tr><td colspan="3">汇票到期日（大写）</td><td colspan="2">贰零贰×年零陆月零伍日</td><td colspan="2">交易合同号码</td><td colspan="10">0454</td></tr>
<tr><td colspan="5">本汇票已经承兑，到期无条件支付票款

承兑人签章
承兑日期（小写） 年 月 日</td><td colspan="12">本汇票请予以承兑于到期日付款

出票人签章</td></tr>
</table>

此联持票人开户行随委托收款凭证寄付款人开户行作借方凭证

表 2-12

中国工商银行商业承兑汇票(存 根) 3 汇票号码 第 号

出票日期(大写)贰零贰×年壹拾贰月零伍日

<table>
<tr><td rowspan="3">付款人</td><td>全　称</td><td>北京市西飞机械制造有限责任公司子公司紫薇公司</td><td rowspan="3">收款人</td><td>全　称</td><td colspan="10">顺昌公司</td></tr>
<tr><td>账　号</td><td>0200160101040019608</td><td>账　号</td><td colspan="10">0200121102399765120</td></tr>
<tr><td>开户银行</td><td>工行北京分行安定门支行</td><td>开户银行</td><td colspan="10">农行望京支行</td></tr>
<tr><td colspan="2" rowspan="2">出票金额</td><td colspan="3" rowspan="2">人民币
(大写)⊗捌万零壹佰元叁角捌分</td><td>千</td><td>百</td><td>十</td><td>万</td><td>千</td><td>百</td><td>十</td><td>元</td><td>角</td><td>分</td></tr>
<tr><td></td><td></td><td>¥</td><td>8</td><td>0</td><td>1</td><td>0</td><td>0</td><td>3</td><td>8</td></tr>
<tr><td colspan="2">汇票到期日(大写)</td><td>贰零贰×年零陆月零伍日</td><td colspan="2">交易合同号码</td><td colspan="10">0454</td></tr>
<tr><td colspan="3">备注:</td><td colspan="12"></td></tr>
</table>

此联出票人存查

(6) 12月5日,办公室马宏报销差旅费(起至日期10月28日—11月3日)。火车票2张,金额706元(北京到杭州的往返车票,每张353元);市内交通补助每天3元,共21元;住宿单据4张,金额240元;公出补助每天25元,共175元。马宏原借款2 000元,余款退回,由出纳员开出收据一张。差旅费报销单如表2-13所示。收据如表2-14~表2-16所示。

表 2-13

差 旅 费 报 销 单

单位名称: 贰零贰×年壹拾贰月零伍日 单位:元

<table>
<tr><td rowspan="2">项目</td><td rowspan="2">火车票</td><td rowspan="2">飞机票</td><td rowspan="2">船票</td><td rowspan="2">长途汽车票</td><td rowspan="2">市内交通费</td><td rowspan="2">住宿费</td><td colspan="3">公 出 补 助</td><td rowspan="2">其他</td><td rowspan="2">合计金额</td></tr>
<tr><td>天数</td><td>标准</td><td>金额</td></tr>
<tr><td>数量</td><td>2</td><td></td><td></td><td></td><td>7</td><td>4</td><td>7</td><td></td><td></td><td></td><td></td></tr>
<tr><td>金额</td><td>706.00</td><td></td><td></td><td></td><td>21.00</td><td>240.00</td><td></td><td>25.00</td><td>175.00</td><td></td><td>1142.00</td></tr>
</table>

<table>
<tr><td colspan="6">合计人民币(大写):⊗壹仟壹佰肆拾贰元整</td></tr>
<tr><td>出差人姓名</td><td>马宏</td><td>出差事由</td><td></td><td>所属部门</td><td>办公室</td></tr>
<tr><td>出差地点</td><td>杭州</td><td>出差起止日期</td><td>10月28日—11月3日</td><td>原借款额</td><td>2000.00</td></tr>
<tr><td>实报金额</td><td>1142.00</td><td>长退或短补</td><td>858.00</td><td>出差人签字</td><td>马宏</td></tr>
<tr><td>部门负责人签字</td><td></td><td>财务负责人签字</td><td>王颖</td><td>单位领导签字</td><td></td></tr>
</table>

附件 2 0 张

表　2-14

收　　据

202×年 12 月 5 日　　　　No：09958

今收到　办公室马宏					
人民币(大写) ⊗ 捌佰伍拾捌元整				￥858.00	
事由： 交还差旅费				现金：	
				支票：√	
收款单位		财务主管		收款人	

第一联　存根

表　2-15

收　　据

202×年 12 月 5 日　　　　No：09958

今收到　办公室马宏					
人民币(大写) ⊗ 捌佰伍拾捌元整				￥858.00	
事由： 交还差旅费				现金：	
				支票：√	
收款单位		财务主管		收款人	

第二联　记账

表　2-16

收　　据

202×年 12 月 5 日　　　　No：09958

今收到　办公室马宏					
人民币(大写) ⊗捌佰伍拾捌元整				￥858.00	
事由： 交还差旅费				现金：	
				支票：√	
收款单位公章		财务主管		收款人	

第三联　收据

(7) 12 月 5 日，出纳员黎苗将多余的库存现金 3 900 元存入银行，填写现金缴款单一张。此款面额 100 元 31 张，面额 50 元 10 张，面额 10 元 30 张。现金缴款单一式三联，如表 2-17～表 2-19 所示。

表 2-17

中国工商银行 现金存款单(回单) 1

202×年 12 月 5 日　　　　序号

<table>
<tr><td rowspan="6">客户填写部分</td><td colspan="2">收款人户名</td><td colspan="17">北京市西飞机械制造有限责任公司子公司紫薇公司</td></tr>
<tr><td colspan="2">收款人账号</td><td colspan="4">0200160101040019608</td><td colspan="3">收款人开户行</td><td colspan="10">中国工商银行北京市分行安定门支行</td></tr>
<tr><td colspan="2">交款人</td><td colspan="4">王薇</td><td colspan="3">款项来源</td><td colspan="10"></td></tr>
<tr><td rowspan="2">币种(√)</td><td>人民币√</td><td colspan="6" rowspan="2">大写：⊗叁仟玖佰元整</td><td>亿</td><td>千</td><td>百</td><td>十</td><td>万</td><td>千</td><td>百</td><td>十</td><td>元</td><td>角</td><td>分</td></tr>
<tr><td>外币</td><td></td><td></td><td></td><td></td><td>¥</td><td>3</td><td>9</td><td>0</td><td>0</td><td>0</td><td>0</td></tr>
<tr><td colspan="2">券别</td><td>100 元</td><td>50 元</td><td>20 元</td><td>10 元</td><td>5 元</td><td>2 元</td><td>1 元</td><td></td><td></td><td colspan="8">辅币(金额)</td></tr>
<tr><td></td><td colspan="2">张数</td><td>31</td><td>10</td><td></td><td>30</td><td></td><td></td><td></td><td></td><td></td><td colspan="8"></td></tr>
<tr><td rowspan="2">银行填写部分</td><td colspan="19">日期：202×年 12 月 5 日　　日志号：　　交易码：　　币种：人民币
金额：¥3900.00　　终端号：　　主管：　　柜员：</td></tr>
<tr><td colspan="19"></td></tr>
</table>

第一联 由银行盖章后退回单位

制票：　　复核：

表 2-18

中国工商银行 现金缴款单(收入凭证) 2

202×年 12 月 5 日　　　　序号

<table>
<tr><td rowspan="6">客户填写部分</td><td colspan="2">收款人户名</td><td colspan="17">北京市西飞机械制造有限责任公司子公司紫薇公司</td></tr>
<tr><td colspan="2">收款人账号</td><td colspan="4">0200160101040019608</td><td colspan="3">收款人开户行</td><td colspan="10">中国工商银行北京市分行安定门支行</td></tr>
<tr><td colspan="2">交款人</td><td colspan="4">王薇</td><td colspan="3">款项来源</td><td colspan="10"></td></tr>
<tr><td rowspan="2">币种(√)</td><td>人民币√</td><td colspan="6" rowspan="2">大写：⊗叁仟玖佰元整</td><td>亿</td><td>千</td><td>百</td><td>十</td><td>万</td><td>千</td><td>百</td><td>十</td><td>元</td><td>角</td><td>分</td></tr>
<tr><td>外币</td><td></td><td></td><td></td><td></td><td>¥</td><td>3</td><td>9</td><td>0</td><td>0</td><td>0</td><td>0</td></tr>
<tr><td colspan="2">券别</td><td>100 元</td><td>50 元</td><td>20 元</td><td>10 元</td><td>5 元</td><td>2 元</td><td>1 元</td><td></td><td></td><td colspan="8">辅币(金额)</td></tr>
<tr><td></td><td colspan="2">张数</td><td>31</td><td>10</td><td></td><td>30</td><td></td><td></td><td></td><td></td><td></td><td colspan="8"></td></tr>
<tr><td rowspan="2">银行填写部分</td><td colspan="19">日期：202×年 12 月 5 日　　日志号：　　交易码：　　币种：
金额：¥3900.00　　终端号：　　主管：　　柜员：</td></tr>
<tr><td colspan="19"></td></tr>
</table>

第二联 收款人开户银行作贷方

制票：　　复核：

表 2-19

中国工商银行 现金缴款单(出纳留存) 3

202×年 12 月 5 日　　　　序号

客户填写部分	收款人户名	北京市西飞机械制造有限责任公司子公司紫薇公司															
	收款人账号	0200160101040019608			收款人开户行	中国工商银行北京市分行安定门支行											
	交款人	王薇			款项来源												
	币种(√)	人民币√	大写：⊗叁仟玖佰元整				亿	千	百	十	万	千	百	十	元	角	分
		外币									¥	3	9	0	0	0	0
	券别	100 元	50 元	20 元	10 元	5 元	2 元	1 元			辅币(金额)						
	张数	31	10		30												
银行填写部分	日期：202×年 12 月 5 日				日志号：			交易码：			币种：						
	金额：¥3900.00				终端号：			主管：			柜员：						

第三联 出纳员留存

制票：　　复核：

(8) 12 月 5 日，用银行存款交纳上月增值税 2 000 元及相应的城市维护建设税(5%)、教育费附加(3%)(营业收入 40 000 元，增值税征收率 5%)，付款凭证如表 2-20 所示。

表 2-20

中国工商银行北京市分行电子缴税付款凭证

转账日期：202×年 12 月 5 日　　　　凭证字号：091700

纳税人全称及纳税人识别号：西飞机械制造有限责任公司子公司紫薇公司 110229773381052000

付款人全称：北京市西飞机械制造有限责任公司子公司紫薇公司

付款人账号：0200160101040019608	征收机关名称：北京市西城区税务局
付款人开户银行：工商银行安定门支行	收款国库(银行)名称：国家金库北京市安定门支库
金额合计(小写)：¥2160.00	缴款书交易流水号：2018110510998750
金额合计(大写)：⊗贰仟壹佰陆拾元整	税票号码：191620000600982433

税(费)种名称	日期(起) — 日期(止)	实缴金额
增值税	202×.11.01 202×.11.30	2 000.00
教育费附加	202×.11.01 202×.11.30	60.00
城市维护建设税	202×.11.01 202×.11.30	100.00

第一次打印　　　　打印时间：202×.12.05　08:40:43

第二联 做付款回单(无银行收讫无效)　　复核　　记账

(9) 12 月 30 日，按产品生产工时比例分配制造费用，编制制造费用分配表(表 2-21)。本月“制造费用”账户借方发生额为 40 000 元，A 型产品的生产工时为 1 200 小时，B 型产品的生产工时为 800 小时。

表　2-21

制造费用分配表

单位名称：　　202×年 12 月 30 日　　金额单位：元

分配对象	分配标准（生产工人工时）	分配率	分配金额
A 型产品	1 200	5%	24 000
B 型产品	800	5%	16 000

财务主管：王颖　　复核：王琪　　制单：王薇

(10) 12 月 30 日，材料核算员根据本月领料凭证编制本月发料凭证汇总表。领料单如表 2-22～表 2-27 所示，发料凭证汇总表如表 2-28 所示。

凭证 1：

表　2-22

（北京市西飞机械制造有限责任公司子公司紫薇公司）

领　料　单

领料单位：生产车间　　编号：25690

用　　途：A 型产品　　202×年 12 月 5 日　　仓库：1 号库

材料名称	材料规格	计量单位	数量		单价	金额
			请领	实发		
圆钢	40#	千克	20 000	20 000	1.5	30 000
合计						30 000

记账：留留　　发料：李容　　领料：刘冬冬

凭证 2：

表　2-23

（北京市西飞机械制造有限责任公司子公司紫薇公司）

领　料　单

领料单位：生产车间　　编号：23691

用　　途：B 型产品　　202×年 12 月 8 日　　仓库：1 号库

材料名称	材料规格	计量单位	数量		单价	金额
			请领	实发		
线材	8mm	吨	20	20	1300	26 000
合计						26 000

记账：留留　　发料：李容　　领料：刘冬冬

凭证 3：

表 2-24

（北京市西飞机械制造有限责任公司子公司紫薇公司）

领 料 单

领料单位：生产车间　　　　编号：23692

用　　途：机床维修　　202×年 12 月 10 日　　仓库：1 号库

材料名称	材料规格	计量单位	数量		单价	金额
			请领	实发		
辅助材料	铁皮	m^2	5	5	200	1 000
合计						1 000

记账：留留　　发料：李容　　领料：刘冬冬

凭证 4：

表 2-25

（北京市西飞机械制造有限责任公司子公司紫薇公司）

领 料 单

领料单位：生产车间　　　　编号：23693

用　　途：B 型产品　　202×年 12 月 15 日　　仓库：2 号库

材料名称	材料规格	计量单位	数量		单价	金额
			请领	实发		
线材	8mm	吨	10	10	1 300	13 000
合计						13 000

记账：留留　　发料：李容　　领料：刘冬冬

凭证 5：

表 2-26

（北京市西飞机械制造有限责任公司子公司紫薇公司）

领 料 单

领料单位：管理部门　　　　编号：23694

用　　途：　　202×年 12 月 15 日　　仓库：1 号库

材料名称	材料规格	计量单位	数量		单价	金额
			请领	实发		
辅助材料	电线	米	100	100	20	2 000
辅助材料	汽油	升	200	200	4	800
合　计						2 800

记账：留留　　发料：李容　　领料：刘冬冬

凭证 6：

表 2-27

（北京市西飞机械制造有限责任公司子公司紫薇公司）							
限额领料单							
领料单位：生产车间						编 号：239990	
用 途：A 型产品			202×年 12 月			发料仓库：2 号库	
材料类别	材料名称	规 格	计量单位	单 价	领用限额	全月实领	
						数 量	金 额
原 料	圆钢	40#	千克	1.5	3 000	2 800	4 200
日 期	请领			实发		限额结余	
	数量	领料单位负责人签章	领料人签章	数量	发料人签章		
12 月 2 日	1 000	王红	刘冬冬	1 000	李容	2 000	
12 月 10 日	800	王红	刘冬冬	800	李容	1 200	
12 月 15 日	1 000	王红	刘冬冬	600	李容	600	
12 月 25 日	400	王红	刘冬冬	400	李容	200	
合计	3 200			2 800			

记账：留留　　　　发料：李容　　　　领料：刘冬冬

表 2-28

发料凭证汇总表

单位名称：北京市西飞机械制造有限责任公司子公司紫薇公司

202×年 12 月　　　　金额单位：元

借方科目		贷方科目			合 计
		圆 钢	线 材	辅助材料	
生产产品耗用	A 型产品	310 000			31 0000
	B 型产品		39 000		39 000
	小 计	310 000	39 000		349 000
车间一般耗费				1 000	1 000
厂部一般耗费				2 800	2 800
在建工程耗费					
合 计					352 800

主管：　　　　审核：　　　　制表：

(11) 12 月 5 日，北京市西飞机械制造有限责任公司子公司紫薇公司销售产品零配件一批，数量 88 片，单价 990 元，增值税税率 13%，货款存入银行。填制增值税专用发票(表 2-29～表 2-31)。

表　2-29

北京增值税专用发票

记　账　联

1100042140　　　　No 02286022

开票日期：202×年 12 月 5 日

购货单位	名称：北京高华科技发展有限责任公司 纳税人识别号：110105749363788000 地址、电话：北京市朝阳区小营路 8 号 2 号楼 83410000 开户行及账号：交通银行育惠东路支行 0200110018000769692	密码区	7<3−9/≠3>90+9+77>5+≠ −158≠?+78?33<9−79834≠ 20>94>415−2＊0＊9−844<2 ?46+＊56>>2＊++624+>>＊6	加密版本：01 1100042140 02286022

货物或应税劳务名称	规格型号	单位	数量	单价	金额	税率	税额
	MPC74010R	片	88	990.00	87120.00	13%	11325.60
合　计					¥87120.00		¥11325.60
价税合计（大写）	⊗玖万捌仟肆佰肆拾伍元陆角零分　（小写）¥98445.60						

销货单位	名称：北京市西飞机械制造有限责任公司子公司紫薇公司 纳税人识别号：110229773381052000 地址、电话：北京市中关村科技园区祥元东路 1 号 82321757 开户行及账号：工商银行北京安定门支行 0200160101040019608	备注	

收款人：　　　复核：　　　开票人：　　　销货单位：（章）

第一联　记账联　销货方记账凭证

表　2-30

北京增值税专用发票

抵　扣　联

1100042140　　　　No 02286022

开票日期：202×年 12 月 5 日

购货单位	名称：北京高华科技发展有限责任公司 纳税人识别号：110105749363788000 地址、电话：北京市朝阳区小营路 8 号 2 号楼 83410000 开户行及账号：交通银行育惠东路支行 0200110018000769692	密码区	7<3−9/≠3>90+9+77>5+≠ −158≠?+78?33<9−79834≠ 20>94>415−2＊0＊9−844<2 ?46+＊56>>2＊++624+>>＊6	加密版本：01 1100042140 02286022

货物或应税劳务名称	规格型号	单位	数量	单价	金额	税率	税额
	MPC74010R	片	88	990.00	87120.00	13%	11325.60
合　计					¥87120.00		¥11325.60
价税合计（大写）	⊗玖万捌仟肆佰肆拾伍元陆角零分　（小写）¥98445.60						

销货单位	名称：北京市西飞机械制造有限责任公司子公司紫薇公司 纳税人识别号：110229773381052000 地址、电话：北京市中关村科技园区祥元东路 1 号 82321757 开户行及账号：工商银行北京安定门支行 0200160101040019608	备注	北京市西飞机械制造有限责任公司子公司紫薇公司 发票专用章

收款人：　　　复核：　　　开票人：　　　销货单位：（章）

第二联　抵扣联　购货方扣税凭证

表 2-31

北京增值税专用发票

发 票 联

1100042140

No 02286022

开票日期：202×年 12 月 5 日

购货单位	名　　称：北京高华科技发展有限责任公司 纳税人识别号：110105749363788000 地 址 、电 话：北京市朝阳区小营路 8 号 2 号楼 83410000 开户行及账号：交通银行育惠东路支行 0200110018000769692	密码区	7<3－9/≠3>90＋9＋77>5＋≠　加密版本：01 －158≠?＋78?33<9－79834≠　1100042140 20>94>415－2＊0＊9－844<2　02286022 ?46＋＊56>>2＊＋＋624＋>>＊6

货物或应税劳务名称	规格型号	单位	数量	单价	金　额	税率	税　额
	MPC74010R	片	88	990.00	87120.00	13%	11325.60
合　　计					￥87120.00		￥11325.60
价税合计(大写)	⊗玖万捌仟肆佰肆拾伍元陆角零分　（小写）￥98445.60						

销货单位	名　　称：北京市西飞机械制造有限责任公司子公司紫薇公司 纳税人识别号：110229773381052000 地 址 、电 话：北京市中关村科技园区祥元东路 1 号 82321757 开户行及账号：工商银行北京安定门支行 0200160101040019608	备注	北京市西飞机械制造有限责任公司子公司紫薇公司 发票专用章

收款人：　　复核：　　开票人：　　销货单位：（章）

第三联　发票联　购货方记账凭证

（12）12 月 5 日，预付天津玉胜钢铁公司购材料款 40 000 元，网上银行转账支付。天津玉胜钢铁公司开户行中国工商银行天津市分行长江路办事处，账号 0302121602346700000。银行付款业务回单如表 2-32～表 2-34 所示。

表 2-32

中国工商银行业务回单（付款）　1

日期：202×年 12 月 5 日

回单编号：21120000003

付款人户名：北京市西飞机械制造有限责任公司子公司紫薇公司　付款人开户行：中国工商银行北京市分行长江路办事处

付款人账号(卡号)：0200160101040019608

收款人户名：天津玉胜钢铁公司　收款人开户行：中国工商银行天津市分行长江路办事处

收款人账号(卡号)：0302121602346700000

金额：⊗肆万元整　小写：40000.00 元

业务(产品)种类：代理业务　凭证种类：000000000　凭证号码：0000000000000000

摘要：　用途：　币种：人民币

交易机构：0020000154　记账柜员：00002　交易代码：70145 渠道：批量业务

代理业务种类名称：　合同号：　账期：

费用明细：

本回单为第 1 次打印，注意重复打印时间：202×年 12 月 5 日

此联汇出行给汇款人的回单

表　2-33

中国工商银行业务回单(付款)　　2

日期：202×年 12 月 5 日
回单编号：21120000003
付款人户名：北京市西飞机械制造有限责任公司子公司紫薇公司　　付款人开户行：中国工商银行北京市分行长江路办事处
付款人账号(卡号)：0200160101040019608
收款人户名：天津玉胜钢铁公司　　收款人开户行：中国工商银行天津市分行长江路办事处
收款人账号(卡号)：0302121602346700000
金额：⊗肆万元整　　小写：40000.00 元
业务(产品)种类：代理业务　　凭证种类：000000000　　凭证号码：0000000000000000
摘要：　　用途：　　币种：人民币
交易机构：0020000154　　记账柜员：00002　　交易代码：70145　　渠道：批量业务
代理业务种类名称：　　合同号：　　账期：
费用明细：

本回单为第 1 次打印，注意重复　　打印时间：202×年 12 月 5 日

此联汇出行给汇款人的回单

表　2-34

中国工商银行业务回单(付款)　　3

日期：202×年 12 月 5 日
回单编号：21120000003
付款人户名：北京市西飞机械制造有限责任公司子公司紫薇公司　　付款人开户行：中国工商银行北京市分行长江路办事处
付款人账号(卡号)：0200160101040019608
收款人户名：天津玉胜钢铁公司　　收款人开户行：中国工商银行天津市分行长江路办事处
收款人账号(卡号)：0302121602346700000
金额：⊗肆万元整　　小写：40000.00 元
业务(产品)种类：代理业务　　凭证种类：000000000　　凭证号码：0000000000000000
摘要：　　用途：　　币种：人民币
交易机构：0020000154　　记账柜员：00002　　交易代码：70145　　渠道：批量业务
代理业务种类名称：　　合同号：　　账期：
费用明细：

本回单为第 1 次打印，注意重复　　打印时间：202×年 12 月 5 日

此联是银行给付款人的付账通知

实验设计二　原始凭证的审核

一、实验设计目标

原始凭证的审核是熟知原始凭证审核的要求、方法和自制、外来原始凭证的审核内容。对有关经济业务的原始凭证进行审核，并在教学环节由教师指出实际工作中此环节容易存在的问题。

二、实验设计指南(特别提示)

原始凭证的审核

(1) 审核原始凭证的真实性，即审核原始凭证上所有项目填列是否齐全，有关人员或部门是否签章，摘要、金额是否填写清楚，金额计算是否正确，金额大小写是否一致等。

(2) 审核原始凭证的合法性、合规性和合理性，即原始凭证所反映的经济业务是否符合国家颁发的有关财经法规、财会制度，是否有违法乱纪等行为。

三、实验设计

(1) 支票(进账单)主要审核支票种类是否正确，是否用碳素墨水书写，支票内容、开户行名称、签发人账号、收款人名称是否正确，用途是否真实，大小写金额是否一致，存根与正本是否相符有无更改，公章和名章是否盖全。

(2) 借款单主要审核大小写金额是否一致，审批人和借款人是否签字。

(3) 收据主要审核交款人、款项内容是否正确，大小写金额是否一致，现金收讫章是否加盖。

(4) 发票主要审核是否印有税务局监制章，购货单位、商品或劳务名称、金额计算是否正确，大小写金额是否一致，公章是否加盖。

(5) 收料单主要审核验收是否及时，其内容是否与发票一致，验收人是否签字。

(6) 领料单主要审核金额计算是否正确，签字是否齐全；限额领料时，每次实领数量与金额计算是否正确。

(7) 现金缴款单主要审核收款人、账号及开户行名称是否正确，大小写金额是否一致，主、辅币金额之和是否与大小写金额相符。

(8) 发料凭证汇总表主要审核材料的用途、类别及金额计算是否正确。

(9) 制造费用分配表主要审核各种数据是否正确。

(10) 会计政策运用是否前后一致。

四、实验设计用品

存在一定问题的原始凭证。

五、实验设计步骤和程序

（1）审核以上填制和外部取得的原始凭证是否真实、合法、完整、准确，发现填制有误，退给填制人予以更正。

（2）实验设计者相互对有关经济业务的原始凭证进行审核，并指出所存在的问题。

六、实验设计时间

实验设计时间为1学时。

七、实验设计资料

【资料】

根据北京市西飞机械制造有限责任公司子公司紫薇公司202×年11月10日发生的经济业务，对已填制的原始凭证进行审核，并指出所存在的问题。

（1）11月10日，企业购入产品一批，收到增值税专用发票一张（表2-35）。

表　2-35

北京增值税专用发票

1100042140　　　　发票联　　　　No 02286022

开票日期：202×年11月10日

购货单位	名　　称：北京市西飞机械制造有限责任公司子公司紫薇公司 纳税人识别号：110229773381052000 地址、电话：北京市中关村科技园区祥元东路1号 82321757 开户行及账号：中国工商银行北京市分行安定门支行 0200160101040019608	密码区	7<3－9/≠3>90＋9＋77>5＋≠ －158≠?＋78?33<9－79834≠ 20>94>415－2＊0＊9－844<2 ?46＋＊56>>2＊＋＋624＋>>＊6 加密版本：01 1100042140 02286022

货物或应税劳务名称	规格型号	单位	数量	单价	金额	税率	税额
器件	MPC74010R	片	88	900	79200	13%	10296
合计					¥79200		¥10296
价税合计（大写）	捌万玖仟肆佰玖拾陆元整				（小写）¥89496.00		

销货单位		备注	
销货单位	名　　称：北京志立数码科技有限责任公司 纳税人识别号：110229759406388000 地址、电话：北京市海淀区江苏街68号 82516488 开户行及账号：北京银行航天支行 1001201031074243794	备注	结算方式：转账 （印章：北京志立数码科技有限责任公司 发票专用章）

收款人：王晓红　　复核：张娟　　开票人：王晓红　　销货单位：（章）

第三联　发票联　购货方记账凭证

(2) 11 月 10 日，收到职工张红原欠款 2 000 元现金，开出收据(表 2-36)。

表 2-36

收　据

202×年 11 月 10 日　　No 09960

今收到：张红					
人民币(大写)⊗贰仟元整				¥ 2000.00	
事由： 归还原借款				现金：	
				支票：	√
收款单位		财务主管	王刚	收款人	黎苗

第二联　记账

(3) 11 月 10 日，销售产品一批，向购货单位开出增值税专用发票(表 2-37)。

表 2-37

北京增值税专用发票

发　票　联

111000412022　　No 432660

开票日期：202×年 11 月 10 日

购货单位	名称：华阳商店 纳税人识别号：91110107681217503Q 地址、电话：北京市石景山区鲁谷大街东侧 83430000 开户行及账号：建行华贸支行 10001334000052502025	密码区	25<1－49＊76345＋97>－009016＋＋ 6790481<＊/57－6433>－4571＋03202<0 ＋11<1685＋2＋58016＊691901153－348<

货物或应税劳务名称	规格型号	单位	数量	单价	金额	税率	税额
A 型产品			3	3097.35	9292.04	13%	1207.96
合　计					¥9292.04		¥1207.96
价税合计(大写)	⊗壹万零伍佰圆整			(小写)¥10 500.00			

销货单位	名称：北京市西飞机械制造有限责任公司 纳税人识别号：110106005566099000 地址、电话：北京市开发区 228 号 62500188 开户行及账号：工商银行西坝河分理处 0200538801093378911	备注	北京市西飞机械制造责任有限公司 发票专用章

收款人：　　复核：　　开票人：和平　　销货单位(章)：

第三联　发票联　购货方记账凭证

(4) 11 月 10 日，采购员张辉报销购买劳保用品的费用。发票如表 2-38 所示。

表 2-38

北京增值税专用发票

111000412022　　　　发票联　　　　No 432660

开票日期：202×年 11 月 10 日

购货单位	名　　称：华阳商店 纳税人识别号：91110107681217503Q 地 址 、电 话：北京市石景山区鲁谷大街东侧 83430000 开户行及账号：建行华贸支行 1000133400052502025	密码区	25＜1−49 * 76345＋97＞−009016＋＋ 6790481＜ * /57−6433＞−4571＋03202＜0 ＋11＜1685＋2＋58016 * 691901153−348＜

货物或应税劳务名称	规格型号	单位	数量	单价	金　额	税率	税　额
A 型产品			3	3097.35	9292.04	13%	1207.96
合　计					¥9292.04		¥1207.96
价税合计(大写)	⊗壹万零伍佰圆整				(小写)¥10 500.00		

销货单位	名　　称：北京市西飞机械制造有限责任公司 纳税人识别号：110106005566099000 地 址 、电 话：北京市开发区 228 号 62500188 开户行及账号：工商银行西坝河分理处 0200538801093378911	备注	北京市西飞机械制造责任有限公司 发票专用章

收款人：　　复核：　　开票人：和平　　销货单位(章)：

第三联　发票联　购货方记账凭证

(5) 11 月 10 日，职工李立报销差旅费，填制报销单一张(表 2-39)。

表　2-39

差 旅 费 报 销 单

单位名称：北京市西飞机械制造有限责任公司

子公司紫薇公司销售科　　　　202×年 11 月 10 日　　　　单位：元

项　目	火车票	飞机票	船　票	长途汽车票	市内交通费	住宿费	公出补助			其他	合计金额
							天数	标准	金额		
数　量	2										
金　额	230				36	100	6	25	150		516
合计人民币(大写)：币伍佰壹拾陆元整											

出差人姓名	李立	出差事由	开会	所属部门	销售科
出差地点	杭州	出差起止日期	11 月 4—9 日	原借款额	600
实报金额	516	长退或短补	84	出差人签字	李立
部门负责人签字	陈辉	财务负责人签字	王刚	单位领导签字	王盟

附件 8 张

(6) 11 月 10 日,生产车间领用手套 100 双,单价 5 元。领料单如表 2-40 所示。

表 2-40

(北京市西飞机械制造有限责任公司子公司紫薇公司)

领 料 单

领料单位:生产车间　　　　　　　　　　　　　　编号:23650
用　　途:A 产品　　　202×年 11 月 10 日　　　仓库:1 号库

材料类别	材料名称	计量单位	数量		单价	金额
			请领	实发		
低值易耗品	手套	双	120	100	5	500.00
合计	—	—	120	100	—	500.00

记账:留留　　　　发料:李容　　　　领料:陈会

实验设计三　记账凭证的填制

一、实验设计目标

记账凭证通常分为收款凭证、付款凭证和转账凭证,也可以使用通用记账凭证。本项实验设计的目标是要熟悉通用记账凭证及收、付、转各种记账凭证的格式及适用范围,掌握根据审核无误的原始凭证编制各种记账凭证的方法,特别要熟练掌握收、付、转记账凭证的填制方法。

二、实验设计指南(特别提示)

(一) 记账凭证的基本要求

(1) 记账凭证的内容必须具备:填制凭证的日期、凭证种类和编号、经济业务摘要、会计科目、金额、所附原始凭证张数、填制凭证人员、稽核人员、记账人员、会计机构负责人、会计主管人员签名或者盖章。收款凭证和付款凭证还应当由出纳人员签名或者盖章。以自制的原始凭证或者原始凭证汇总表代替记账凭证的,也必须具备记账凭证应有的项目。

(2) 填制记账凭证时,记账凭证必须按月连续编号,以便记账、查账,防止散落、丢失。编号方式可按经济业务发生的时间先后顺序统一编号,也可以采用分类统一编号。如果一笔经济业务需要编制两张以上记账凭证,可以采用"分数编号法"编号,即在原顺序编号后面,以分数形式表示该笔经济业务所编制的记账凭证的张数及该张的顺序号。月末,在最后一张记账凭证的编号旁边,注明"全",表示本月编制的记账凭证到此全部结束。

(3) 对经济业务发生后取得或填制的原始凭证进行认真严格的检查、审核，经确认其内容真实、准确无误后，方可依此填制相应记账凭证。记账凭证可以根据每一张原始凭证填制，或者根据若干张同类原始凭证汇总填制，也可以根据原始凭证汇总表填制，但不得将不同内容和类别的原始凭证汇总填制在一张记账凭证上。

(4) 除结账和更正错误的记账凭证可以不附原始凭证外，其他记账凭证必须附有原始凭证。如果一张原始凭证涉及几张记账凭证，可以把原始凭证附在一张主要的记账凭证后面，并在其他记账凭证上注明附有该原始凭证的记账凭证的编号或者附上原始凭证复印件。一张原始凭证所列支出需要几个单位共同负担的，应当将其他单位负担的部分，开具给对方原始凭证分割单，进行结算。原始凭证分割单必须具备原始凭证的基本内容：凭证名称、填制凭证日期、填制凭证单位名称或者填制人姓名、经办人的签名或者盖章、接受凭证单位名称、经济业务内容、数量、单价、金额和费用分摊情况等。

(5) 如果在填制记账凭证时发生错误，应当重新填制。已经登记入账的记账凭证，在当年内发现填写错误时，可以用红字填写一张与原内容相同的记账凭证，在摘要栏注明"注销某月某日某号凭证"字样，同时再用蓝字重新填制一张正确的记账凭证，注明"订正某月某日某号凭证"字样。如果会计科目没有错误，只是金额错误，也可以将正确数字与错误数字之间的差额另编制一张调整的记账凭证，调增金额用蓝字，调减金额用红字。发现以前年度记账凭证有错误的，应当用蓝字填制一张更正的记账凭证。

(6) 记账凭证填制完经济业务事项后，如有空行，应当自金额栏最后一笔金额数字下的空行处至合计数上的空行处画线注销。

(二) 记账凭证的填制要求

填制会计凭证，字迹必须清晰、工整，并符合下列要求。

(1) 阿拉伯数字应当一个一个地写，不得连笔写。阿拉伯金额数字前面应当书写货币币种符号或者货币名称简写和币种符号。币种符号与阿拉伯金额数字之间不得留有空白。凡阿拉伯数字前写有币种符号的，数字后面不再写货币单位。

(2) 所有以"元"为单位(其他货币种类为货币基本单位，下同)的阿拉伯数字，除表示单价等情况外，一律填写到角分；无角分的，角位和分位可写"00"，或者用符号"—"；有角无分的，分位应当写"0"，不得用符号"—"代替。

(3) 实行会计电算化的单位，对于机制记账凭证，要认真审核，做到会计科目使用正确、数字准确无误。打印出的机制记账凭证要加盖制单人员、审核人员、记账人员及会计机构负责人、会计主管人员印章或者签字。

(三) 记账凭证的填制方法

各种形式的记账凭证所反映的经济业务内容不同，其格式和具体填制方法也不尽相同。

1. 收、付款凭证的填制

收、付款凭证是根据有关反映库存现金和银行存款收、付款业务的原始凭证填制的。

收款凭证具体填制方法如下：

（1）收款凭证的左上方“借方科目”应填写“库存现金”或“银行存款”科目。

（2）正上方“年、月、日”应按记账凭证的编制日期填写。

（3）右上方“字第号”是记账凭证的编号，应按记账凭证的填制顺序填写。收、付款凭证按月编制，并注意不要错号、重号、漏号。

（4）“摘要”栏填写经济业务的内容，要求简洁明确。

（5）“贷方总账科目”栏及“明细科目”栏，应填写与“借方科目”（银行存款或库存现金）相对应的贷方一级科目所属的明细科目名称。

（6）在“金额”栏相对应的行次填写贷方一级科目所属明细科目的金额。

（7）“合计”行金额表示借方科目“库存现金”和“银行存款”的总金额，金额计算要求准确无误。

（8）“借或贷”（或“过账”）栏填写已记入有关的总分类账及其所属明细分类账、“库存现金”（或银行存款）日记账的页码。或用“借”或“贷”或“√”表示已经入账（过账完毕）。

（9）“附件”填写该编号记账凭证所依据的原始凭证的张数，以备核查。

（10）有关经手人员要在表格下面的相应项目后签章，以明确经济责任。

具体格式和内容如表 2-41 和表 2-42 所示（经济业务单位为北京市西飞机械制造有限公司子公司紫薇公司）。

表 2-41

收款凭证

借方科目：银行存款　　202×年 11 月 10 日　　银收字 10 号

												记账
销售甲产品	主营业务收入	甲产品			1	0	0	0	0	0	0	
	应交税费	应交增值税（销）				1	3	0	0	0	0	
合计金额				¥	1	1	3	0	0	0	0	

附件 2 张

会计主管：王刚　　记账：　　复核：留留　　制单：黎苗　　出纳：黎苗

表 2-42

付款凭证

贷方科目：银行存款　　202×年 11 月 15 日　　银付字 10 号

摘要	借方总账科目	明细科目	金额									记账
			百	十	万	千	百	十	元	角	分	
购入线材	材料采购			1	0	0	0	0	0	0	0	
	应交税费	应交增值税（进）			1	3	0	0	0	0	0	
合计金额			¥	1	1	3	0	0	0	0	0	

附件 2 张

会计主管：王刚　　记账：　　复核：留留　　制单：黎苗　　出纳：黎苗

2. 转账凭证的填制

转账凭证是根据有关除库存现金和银行存款收付款业务以外的转账类经济业务的原始凭证填制的。

具体填制方法如下：

(1) 正上方“年、月、日”应按记账凭证的编制日期填写。

(2) 右上方“字第号”是记账凭证的编号，应按记账凭证的填制顺序填写。转账凭证按月编制，并注意不要错号、重号、漏号。

(3) “摘要”栏填写经济业务的内容，要求简洁明确。

(4) 会计科目栏应将经济业务所涉及的会计科目及所属的明细科目全部填列在凭证内，借方科目在先，贷方科目在后。

(5) 在“借方金额”栏和“贷方金额”栏相对应的行次内计算填列所属明细科目应借或应贷金额。

(6) 最后一行“合计”栏填列借方会计科目金额合计或贷方会计科目金额合计，且两者应相等。

其他项目填制方法与收款凭证基本相同。具体格式和内容如表 2-43 所示。

表 2-43

转账凭证

202×年 11 月 15 日　　　　转字 20 号

摘要	科目名称		借方金额								贷方金额								记账
	总账科目	明细科目	十	万	千	百	十	元	角	分	十	万	千	百	十	元	角	分	
计提固定资产折旧	制造费用	折旧费		2	0	0	0	0	0	0									
	管理费用	折旧费		1	0	0	0	0	0	0									
	累计折旧											3	0	0	0	0	0	0	
合计金额			¥	3	0	0	0	0	0	0	¥	3	0	0	0	0	0	0	

附件 1 张

会计主管：王刚　　记账：　　复核：留留　　制单：黎苗

3. 通用记账凭证的填制

通用记账凭证是一种适合各种经济业务的记账凭证。采用通用记账凭证，将经济业务所涉及的会计科目全部填列在一张凭证内，借方在先，贷方在后，将各会计科目所记应借应贷的金额填列在“借方金额”或“贷方金额”栏内。借、贷金额合计数应相等，有关人员签名盖章，并填写所附原始凭证的张数。记账凭证如表 2-44 所示。

表 2-44

记 账 凭 证

202×年 11 月 15 日　　　　字 58 号

摘　要	科目名称		借方金额								贷方金额								记账
	总账科目	明细科目	十	万	千	百	十	元	角	分	十	万	千	百	十	元	角	分	
销售一批乙产品	银行存款			5	6	5	0	0	0	0									
	主营业务收入	乙产品										5	0	0	0	0	0	0	
	应交税费	应交增值税(销)											6	5	0	0	0	0	
合计金额			¥	5	6	5	0	0	0	0	¥	5	6	5	0	0	0	0	

附件 1 张

会计主管：王刚　　记账：　　复核：留留　　制单：黎苗

4. 记账凭证汇总表

对于经济活动频繁的单位，填制的记账凭证较多，为了减少会计人员的工作量，简化记账工作，可以定期(5 天、10 天)将所编制的记账凭证进行归类汇总，整理后编制“记账凭证汇总表”(也称“科目汇总表”)，然后再将汇总后的资料内容登记到相应的总分类账簿中。其格式和内容如表 2-45 所示。

表 2-45

科目汇总表

年　月　日

会计科目	1—10 日发生额		11—20 日发生额		21—31 日发生额		发生额合计		总账页数
	借方	贷方	借方	贷方	借方	贷方	借方	贷方	
合计									

(四) 会计凭证的保管

会计机构、会计人员要妥善保管会计凭证，具体要求如下：

(1) 会计凭证应当及时传递，不得积压。

(2) 会计凭证登记完毕后，应当按照分类和编号顺序保管，不得散乱丢失。

（3）记账凭证应当连同所附的原始凭证或者原始凭证汇总表，按照编号顺序，折叠整齐，按期装订成册并加具封面，注明单位名称、年度、月份和起讫日期、凭证种类、起讫号码，由装订人在装订线封签外签名或者盖章。对于数量过多的原始凭证，可以单独装订保管，在封面上注明记账凭证日期、编号、种类，同时在记账凭证上注明“附件另订”和原始凭证名称及编号。各种经济合同、存出保证金收据以及涉外文件等重要原始凭证，应当另编目录，单独登记保管，并在有关的记账凭证和原始凭证上相互注明日期与编号。

（4）原始凭证不得外借，其他单位如因特殊原因需要使用原始凭证，经本单位会计机构负责人、会计主管人员批准，可以复制。向外单位提供的原始凭证复印件，应当在专设的登记簿上登记，并由提供人员和收取人员共同签名或者盖章。

（5）从外单位取得的原始凭证如有遗失，应当取得原开出单位盖有公章的证明，并注明原来凭证的号码、金额和内容等，由经办单位会计机构负责人、会计主管人员和单位领导人批准后，才能代做原始凭证。如果确实无法取得证明的，如火车票、轮船票和飞机票等凭证，由当事人写出详细情况，由经办单位会计机构负责人、会计主管人员和单位领导人批准后，代做原始凭证。

三、实验设计

（一）正确选择适用的记账凭证

在对原始凭证进行认真审核的基础上，根据经济业务的性质、内容，选择适用的收、付、转记账凭证。

（二）认真填制记账凭证

要求做到内容完整、项目齐全，不得漏填或错填，要按规定时间及时编制。凭证摘要要简明，业务记录要正确，科目使用要准确，应注明所附原始凭证的张数，凭证要顺序编号。

（1）记账凭证、各种账簿和会计报表，必须用蓝黑墨水或碳素墨水书写。

（2）确定每笔业务的内容、应填制的记账凭证种类、填制日期和会计分录。

（3）记账凭证内容按下列顺序填写：总号、分号、日期、摘要、分录、注销金额栏空行、人民币符号及合计数、附件张数、填制人签字或盖章。记账凭证的填制日期，一般要填写原始凭证的填制或取得的日期。

（4）记账凭证按其种类自1号起分别编号，同时加编总号（也可按自然顺序编号）。

（5）金额栏如有空行，画一斜线或“S”线注销。对于转账凭证，也可只注销贷方空行。

（6）合计金额前应写人民币符号“￥”，对于只有一行记录的记账凭证，也应填写合计金额。设有借贷两个金额栏的转账凭证，借贷两方都要填写合计金额，并各写一个人民币符号。

（7）凭证内容填写完毕，检查有无填写错误，如果有误，应当重新填制。经查无误或更正后，在填制人（学生本人）处签字或盖章，其他人员暂不签字。

(8) 每一笔业务的记账凭证填制完毕，把原始凭证附在记账凭证后面，依左上角理齐，用回形针别在左上角。

(9) 发票抵扣联应另行保存，以便在月末编制“增值税纳税申报表”时作为抵扣依据，连同“申报表”交税务机关审核。

(10) 代会计主管(由学生自定)审批收付款业务，并在收付款凭证上签名。

(11) 代出纳员(由学生自定)收付款，并在收付款凭证上签名。

四、实验设计用品

(1) 模拟原始凭证若干张。

(2) 通用记账凭证。

五、实验设计步骤和程序

(1) 填制记账凭证之前，根据审核无误的原始凭证，先将原始凭证按虚线撕开，按经济业务顺序(原始凭证左上角阿拉伯数字)排列。一笔业务附有两张以上原始凭证的，用曲别针别在一起。审核所填制的原始凭证是否真实、合法、完整和准确。

(2) 选择适用的收、付、转记账凭证。根据经济业务的内容和性质，确定适用的收款凭证、付款凭证和转账凭证。

(3) 将填制的记账凭证及所附原始凭证装订成册。

六、实验设计时间

实验设计时间为 16 学时。

七、实验设计资料

要求：

(1) 根据北京市西飞机械制造有限责任公司 202×年 12 月发生的经济业务及有关的原始凭证填制记账凭证，假设该企业采用收、付、转三种凭证并分别编号。

(2) 在填制凭证前，指导老师应向学生强调记账凭证的填制要求，以及对记账凭证的审核要求。指导老师应向学生说明记账凭证审核的重要意义。

(3) 将填制的记账凭证及所附的原始凭证装订成册。

【资料】

下列各题所附原始凭证见本书附录。

北京市西飞机械制造有限责任公司 202×年 12 月经济业务如下：

1. 12 月 1 日，本企业的投资方信达公司，按照公司关于增资扩股的决议，投入资本金 180 000 元已到位，存入企业银行存款户。

2. 12月1日，办公室刘眉报销办公用品款，以现金付讫。

3. 12月1日，接开户银行通知，期限2年的一笔200 000元借款，款项已划拨企业银行存款账户。

4. 12月2日，向北京梅泰公司支付货款，购买A材料400千克，单价65元，价款26 000元，增值税3 380元，对方代垫运费300元，共计29 680元。材料已到达企业，并验收入库。

5. 12月2日，向广州天成有限责任公司开出3个月期无息商业承兑汇票购买B材料，数量200千克，单价55元，价款11 000元，增值税1 430元，共计12 430元。材料未达。

6. 12月4日，第5笔业务的材料到达并已验收入库。

7. 12月4日，在北京证券交易营业所卖出本年购入的全部"0690"公司债券。

8. 12月4日，开出转账支票一张，从大群批发公司购入工作服20套，单价150元，价税合计390元，已验收入库。

9. 12月4日，开出转账支票一张，向希望工程基金会捐款10 000元。

10. 12月4日，采用转账支票结算方式向北京景顺公司销售甲产品20箱，单价3 500元，价款70 000元，增值税9 100元。已办理进账手续。

11. 12月4日，与北京宏发公司签订乙产品订货合同，约定：预订货款金额共计300 000元，订货方预付货款的40%，另60%待产品发运后补付。预付款项已存入企业存款户。

12. 12月4日，开出5 000元现金支票一张，支付销售科张勤出差借款。

13. 12月5日，开出转账支票一张，预交下年度的财产保险费28 800元。

14. 12月5日，购入联想奔腾Ⅲ850微机31台，价款共计263 500元，增值税34 255元，共计297 755元，款项用转账支票付讫。计算机已交付科研中心使用。

15. 12月6日，加工车间领用劳保用品5 655元。

16. 12月6日，开出为期2个月的无息商业承兑汇票，抵付前欠辽宁利民公司的购货款26 000元。

17. 12月6日，从北京宝盈公司购入A材料205.48千克，单价73元，价款15 000元，增值税1 950元，材料已验收入库。经查验实际入库数量为200千克，属合理损耗，款项尚未支付。

18. 12月6日，接到商业承兑汇票付款通知，本企业向山东世纪公司签发的商业承兑汇票到期，已兑付。

19. 12月6日，以电汇结算方式偿还所欠河北永和公司部分购货款8 000元，另支付银行手续费50元。

20. 12月6日，以转账支票方式支付创美广告公司的广告费3 200元。

21. 12月6日，销售科张勤以转账支票方式支付产品展销费2 500元。

22. 12月6日，以委托收款结算方式向山东光讯公司销售乙产品30箱，单价2 500元，价款75 000元，增值税9 750元，共计84 750元，已办妥托收手续，支付银行手续费50元。另以现金支付销售运费350元。

23. 12月6日，职工刘东出差归来，报销差旅费950元，借款余额交回财务部门。

24. 12月6日，根据预收账款销售商品合同约定，给上海祥和公司发出甲产品3箱，单价3 500元，价款10 500元，增值税计1 365元。

25. 12月8日，购入待安装的LTUS设备一台，规格LX，型号998，价款75 000元，增值税9 750元，运费1 250元，设备款已用转账支票付讫，设备已交由动力部门安装。

26. 12月8日，确认坏账损失3 510元。

27. 12月10日，按照预付货款购货合同，北京华富公司把B材料375千克发运到本公司，单价48元，价款18 000元，增值税2 340元，运费200元，材料已验收入库。用转账支票将余额结清。

28. 12月10日，交纳上月增值税。

29. 12月10日，交纳上月城建税、教育附加费、个人所得税。

30. 12月10日，与北京华宝公司签订B材料购货合同，以转账支票预付定金17 600元。

31. 12月12日，将美佳公司11月12日签发的3个月期无息商业承兑汇票20 000元向银行贴现，月贴现利率0.5%。

32. 12月12日，用银行转账支票支付订阅下年度报刊费1 200元。

33. 12月12日，职工李渊报销医疗费240元。

34. 12月12日，支付本月电话费4 500元。

35. 12月12日，根据实存账存报告单反映，B材料发生非常损失，盘亏40千克。

36. 12月12日，本企业的一台设备XD因意外事故遭受严重毁损，该设备的原始价值为18 000元，累计折旧4 340元，保险公司已调查结束，并支付保险赔偿金4 000元。

37. 12月12日，接委托收款通知，山东光讯公司的货款已收到。

38. 12月15日，计提应计入厂房扩建工程的长期借款利息，固定资产借款金额为200 000元，年利率为6%。

39. 12月15日，本厂的厂房扩建工程，现已竣工并投入使用，并补付工程余款。

40. 12月15日，接到委托收款付款通知，支付水费4 746元。

41. 12月16日，因质量问题，北京景顺公司退回本月所购的甲产品2箱，计价款7 000元和增值税910元，均已通过转账支票退款。

42. 12月16日，接到委托收款付款通知，支付电费24 882.60元。

43. 12月16日，收到北京华光公司转账支票一张，偿还所欠购货款28 000元，已办理进账手续。

44. 12月20日，收到北京顺通公司转账支票一张，支付所有权转让费13 500元。

45. 12月20日，归还到期的短期借款本金和利息。

46. 12月20日，已于前几期注销的湖北硕实公司应收账款5 000元，经努力收回其中的1 404元。

47. 12月20日，以每股45元的价格从证券市场购买大众交通的普通股股票3 000股，价款内含有已宣告分派每股1元的现金股利，支付佣金1 120.50元，已确认买进。

48. 12月21日，没收逾期未收回40个包装物押金2 100元，予以转账。

49. 12月21日，行政科李云到财务部门预借定额备用金800元。

50. 12月23日，从银行提取现金179 225元，备发工资。

51. 12月23日，支付本月应付职工工资179 225元，代扣个人所得税7 275元。

52. 12月27日，购买大众交通股票价款中的应收股利3 000元，现已收到。款项已划存证券资金账户。

53. 12月31日，摊销本月应负担的财产保险费和无形资产价值。

54. 12月31日，收到职工马聪违章操作罚款1 812.39元。罚款收入当天送存银行。

55. 12月18日，向河北廊坊玉田公司分期收款发出第一批甲商品20箱，单价3 500元，价款70 000元，增值税9 100元，款已经收到。

56. 12月31日，向广东昌荣公司销售甲产品80箱，单价3 500元，价款280 000元，增值税36 400元，已办妥托收手续，支付银行手续费50元。

57. 12月31日，向北京宏发公司发出乙产品120箱，单价2 500元，增值税39 000元，货税款以转账支票结清，已办妥进账手续。

58. 12月31日，结转入库材料成本差异。

59. 12月31日，月末结转发出材料成本。

60. 12月31日，月末分配水费。

61. 12月31日，月末将外购电费计入辅助生产成本。

62. 12月31日，分配工资费用。

63. 12月31日，计提本月职工福利费、工会经费和职工教育经费。

64. 12月31日，支付加工车间的固定资产修理费。

65. 12月31日，计提固定资产折旧。

66. 12月31日，月末分配辅助生产成本。

67. 12月31日，月末结转制造费用。

68. 12月31日，结转本月完工产品成本。(5张产品入库单省略)

69. 12月31日，结转本月主营业务成本。

70. 12月31日，结转未交增值税。

71. 12月31日，计提本月应交纳的城市维护建设税和教育费附加。

72. 12月31日，管理费用中列支的税金摊销。

73. 12月31日，计提长期借款利息。

74. 12月31日，发生材料盘亏。

75. 12月31日，计算本月应交所得税，并转入本年利润账户。

76. 12月31日，结转本年实现的利润，计提法定盈余公积金、法定公益金。

实验设计四　记账凭证的审核

一、实验设计目标

掌握记账凭证的审核技巧，以提高学生对实际经济业务的账务处理能力。

二、实验设计指南(特别提示)

记账凭证的审核和处理：

1. 记账凭证的审核内容

(1) 填制依据是否真实。
(2) 填制项目是否齐全。
(3) 使用会计科目是否正确。
(4) 金额计算是否正确。
(5) 书写是否清楚。

2. 错误记账凭证的处理

发现未入账的记账凭证有错误,应重新编制;已入账的记账凭证有错误,应按照规定的更正错账的方法予以更正。

三、实验设计

(1) 按凭证内容的填制顺序,逐项审核记账凭证,从中指出其存在的问题。
(2) 审核中发现填制有误,退给填制人予以更正。
(3) 审核人姓名或盖章。

四、实验设计用品

收、付、转记账凭证,存在一定问题的记账凭证若干张。

五、实验设计步骤和程序

(1) 正确编制收、付、转记账凭证。根据审核无误的原始凭证,编制相应的收款凭证、付款凭证和转账凭证。
(2) 审核收、付、转记账凭证的准确性。

六、实验设计时间

实验设计时间为1学时。

七、实验设计资料

【资料】

北京市西飞机械制造有限责任公司202×年11月20日发生5笔经济业务,会计人员填制的记账凭证及所附的原始凭证如下,要求对记账凭证进行审核。

(1) 11月20日从银行提取现金。现金支票存根如表2-46所示,收款凭证如表2-47所示。

表　2-46

中国工商银行
现金支票存根(京)

支票号码　Ⅵ Ⅱ 03335689
科　　目　银行存款
对方科目　库存现金
出票日期　202×年 11 月 20 日

收款人	北京市西飞机械制造有限责任公司
金　额	¥3000.00
用　途	备用

单位主管：王之　　会计：马虹

表　2-47

收 款 凭 证

借方科目：库存现金　　202×年 11 月 20 日　　现收字 1 号

摘　要	贷方总账科目	明细科目	金额									记　账
			百	十	万	千	百	十	元	角	分	
提　现	银行存款					3	0	0	0	0	0	
合计金额					¥	3	0	0	0	0	0	

附件 1 张

会计主管：王之　　记账：　　复核：马虹　　制单：红英　　出纳：红英

(2) 11 月 20 日，管理部门报销业务招待费，以现金支付。付款凭证如表 2-48 所示，发票如表 2-49 所示。

表　2-48

付 款 凭 证

贷方科目：库存现金　　202×年 11 月 20 日　　现付字 10 号

摘　要	借方总账科目	明细科目	金额									记　账
			百	十	万	千	百	十	元	角	分	
报销业务招待费	管理费用	招待费					6	0	0	0	0	
合 计 金 额						¥	6	0	0	0	0	

附件 1 张

会计主管：王之　　记账：　　复核：马虹　　制单：红英　　出纳：红英

表 2-49

北京增值税专用发票

11100052101　　抵扣联　　No 2858

开票日期：202×年 11 月 20 日

购货单位	名　　称：北京市西飞机械制造有限责任公司 纳税人识别号：110106005566099000 地 址 、电 话：北京市开发区 228 号 010-62500188 开户行及账号：工商银行西坝河分理处 0200538801093378911				密码区	5108－1＋0＞/08＋＊1851085＞115－8934＋1859682/＊70－＊/＜110750751＋－15772408508＞＊791570＋0180－＊＞		
货物或应税劳务名称		规格型号	单位	数量	单价	金　额	税率	税　额
餐　费				1	530.97	530.97	13%	69.03
合　　计						¥530.97		¥69.03
价税合计(大写)	⊗陆佰元整				(小写)¥600.00			
销货单位	名　　称：北京花园宾馆 纳税人识别号：110108780989744000 地 址 、电 话：北京市海淀区花园北路 35 号东综合楼 83450000 开户行及账号：中信银行西单支行 7112310155500000540				备注	北京花园宾馆 发票专用章		

收款人：　　复核：　　开票人：　　销货单位(章)：

第二联　抵扣联　购货方扣税凭证

(3) 以银行存款预付购货款。付款凭证如表 2-50 所示，银行付款业务回单如表 2-51 所示。

表 2-50

付 款 凭 证

贷方科目：银行存款　　202×年 11 月 20 日　　银付字 10 号

摘　要	总账科目	明细科目	金额									记　账
			百	十	万	千	百	十	元	角	分	
预付货款	材料采购	红河公司				8	0	0	0	0	0	
合计金额					¥	8	0	0	0	0	0	

附件 1 张

会计主管：王之　　记账：　　复核：马虹　　制单：红英　　出纳：红英

表　2-51

中国工商银行业务回单(付款)

日期：202×年 11 月 20 日

回单编号：21120000008

付款人户名：北京市西飞机械制造有限责任公司　　付款人开户行：中国工商银行北京分行西坝河分理处

付款人账号(卡号)：0200538801093378911

收款人户名：红河公司　　收款人开户行：中国工商银行红河支行

收款人账号(卡号)：0200385762220223130

金额：⊗捌仟元整　　小写：8000.00 元

业务(产品)种类：代理业务　　凭证种类：000000000　　凭证号码：0000000000000000

摘要：　　用途：　　币种：人民币

交易机构：0020000061　　记账柜员：00001　　交易代码：70555　　渠道：批量业务

代理业务种类名称：　　合同号：　　账期：

费用明细：

本回单为第 1 次打印,注意重复　　打印时间：202×年 11 月 20 日

此联是银行给收款人的回单

(4) 购买材料,货款暂欠,材料已验收入库。转账凭证如表 2-52 所示,发票如表 2-53 所示,材料入库单如表 2-54 所示。

表　2-52

转 账 凭 证

202×年 11 月 20 日　　转字　号

摘要	科目名称		借方金额								贷方金额								记账
	总账科目	明细科目	十	万	千	百	十	元	角	分	十	万	千	百	十	元	角	分	
购入材料	原材料	圆钢		6	0	0	0	0	0	0									√
	应交税费	应交增值税(进)			7	8	0	0	0	0									√
	材料采购											6	7	8	0	0	0	0	
合计金额											¥	6	7	8	0	0	0	0	

附件 1 张

会计主管：王之　　记账：　　复核：马虹　　制单：红英　　出纳：红英

表 2-53

北京增值税专用发票

1100142140

No 02386022

开票日期：202×年 11 月 20 日

购货单位	名　　称：北京市西飞机械制造有限责任公司子公司紫薇公司 纳税人识别号：110229773381052000 地 址 、电 话：北京市中关村科技园区祥元东路 1 号 82321757 开户行及账号：中国工商银行北京市分行安定门支行 0200160101040019608			密码区	7<3−9/≠3>90+9+77>5+≠ −158≠?+78?33<9−79834≠ 20>94>415−2*0*9−844<2 ?46+*56>>2*++624+>>*6	加密版本：01 1100142140 02386022	
货物或应税劳务名称	规格型号	单位	数量	单价	金　额	税率	税　额
圆钢	40#	吨	40	1 500	60 000	13%	7 800
合计					￥60 000		￥7 800
价税合计(大写)	⊗陆万柒仟捌佰元整				（小写）￥67 800		
销货单位	名　　称：北京市首东钢铁厂 纳税人识别号：110229894563211O 地 址 、电 话：北京市东城区和平里南口 21 号 62540000 开户行及账号：工商银行和平里办事处 0200581016236986000				备注	结算方式：转账 支票号码：6893	

第三联 发票联 购货方记账凭证

收款人：宁钢　　复 核：孙强　　开票人：宁钢　　销货单位：(章)

表 2-54

（北京市西飞机械制造有限责任公司）

材料入库单

供货单位：北京市首东钢铁厂　　凭证编号：0203

发票编号：559　　202×年 11 月 20 日　　收料仓库：2 号库

材料类别	材料规格	计量单位	数量		金额			
			应收	实收	单价	买价	运杂费	合计
圆钢	40#	吨	40	40	1 500	60 000		60 000
合计						60 000		60 000

财务主管：王之　　仓库保管员：李容　　验收员：王宁　　采购员：李力

(5) 将现金存入银行。收款凭证如表 2-55 所示，现金缴款单如表 2-56 所示。

表　2-55

收 款 凭 证

贷方科目：银行存款　　202×年 11 月 20 日　　银收字 10 号

摘　要	贷方总账科目	明细科目	百	十	万	千	百	十	元	角	分	记　账
现金存入银行	库存现金					2	5	0	0	0	0	
合计金额					¥	2	5	0	0	0	0	

附件 1 张

会计主管：王之　记账：　复核：马虹　制单：红英　出纳：红英

表　2-56

中国工商银行　现金缴款单(回　单)　1

202×年 11 月 20 日　　序号

客户填写部分	收款人户名	北京市西飞机械制造有限责任公司																
	收款人账号	0200538801093378911		收款人开户行		中国工商银行北京分行西坝河分理处												
	交款人			款项来源														
	币种(√)	人民币√	大写：⊗贰仟伍佰元整			亿	千	百	十	万	千	百	十	元	角	分		
		外币								¥	2	5	0	0	0	0		
	券别	100 元	50 元	20 元	10 元	5 元	2 元	1 元				辅币(金额)						
	张数																	
银行填写部分	日期：202×年 11 月 20 日	日志号：	交易码：	币种：人民币														
	金额：¥2500.00	终端号：	主管：	柜员：														

第一联　由银行盖章后退回单位

制票：　复核：

实验设计五　日记账、总分类账和明细分类账的登记

一、实验设计目标

各单位应当按照国家统一会计制度的规定和会计业务的需要设置会计账簿。会计账簿包括总分类账、明细分类账、日记账和其他辅助性账簿。通过本项实验设计使学生掌握三栏式现金日记账和银行存款日记账的登记方法，掌握总分类账和所属明细分类账之间的平行

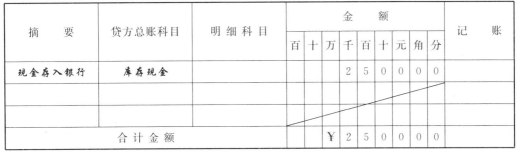

登记关系及登记方法。

二、实验设计指南(特别提示)

(一)账簿启用规则

启用会计账簿时,应当在账簿封面上写明单位名称和账簿名称,在账簿扉页上应附启用表,内容包括启用日期、账簿页数、记账人员和会计机构负责人、会计主管人员姓名,并加盖名章和单位公章。记账人员或者会计机构负责人、会计主管人员调动工作时,应当注明交接日期、接办人员及监交人员姓名,并签名或者盖章,以明确双方经济责任。

现金日记账、银行存款日记账和总分类账必须采用订本式账簿,不得用银行对账单或者其他方法代替日记账。启用订本式账簿,应当从第一页到最后一页顺序编订页数,不得跳页、缺号。使用活页式账页,应当按账户顺序编号,并须定期装订成册,装订后再按实际使用的账页顺序编订页码,另加目录,记明每个账户的名称和页次。

实行会计电算化的单位,总分类账和明细分类账应当定期打印。发生收款和付款业务的,在输入收款凭证和付款凭证的当天必须打印出现金日记账与银行存款日记账,并与库存现金核对无误。用计算机打印的会计账簿必须连续编号,经审核无误后装订成册,并由记账人员和会计机构负责人、会计主管人员签字或者盖章。开始使用账簿时,要贴足印花税票,总分类账按注册资本5‰,明细账每本贴5元印花税。

(二)账簿登记规则

会计人员应当根据审核无误的会计凭证登记会计账簿。登记账簿的基本要求有以下几点。

(1) 应当将会计凭证日期、编号、业务内容摘要、金额和其他有关资料逐项记入账内;做到数字准确、摘要清楚、登记及时和字迹工整。

(2) 登记完毕后,要在记账凭证上签名或者盖章,并注明已经登账的符号,表示已经记账。

(3) 账簿中书写的文字和数字上面要留有适当空格,不要写满格,一般应占格距的1/2。

(4) 要用蓝黑墨水或者碳素墨水书写,不得使用圆珠笔(银行的复写账簿除外)或者铅笔书写。

(5) 下列情况,可以用红色墨水记账。

① 按照红字冲账的记账凭证,冲销错误记录。

② 在不设借贷等栏的多栏式账页中,登记减少数。

③ 在三栏式账户的余额栏前,如未印明余额方向的,在余额栏内登记负数余额。

④ 根据国家统一会计制度的规定可以用红字登记的其他会计记录。

(6) 各种账簿按页次顺序连续登记,不得跳行、隔页。如果发生跳行、隔页,应当将空行、空页画线注销,或者注明“此行空白”“此页空白”字样,并由记账人员签名或者盖章。

(7) 凡需要结出余额的账户,结出余额后,应当在“借或贷”等栏内写明“借”或者“贷”等字样。没有余额的账户,应当在“借或贷”等栏内写“平”字,并在余额栏内用“0”表示。现金日记账和银行存款日记账必须逐日结出余额。

(8) 每一账页登记完毕结转下页时，应当结出本页合计数及余额，写在本页最后一行和下页第一行有关栏内，并在摘要栏内注明“过次页”和“承前页”字样；也可以将本页合计数及金额只写在下页第一行有关栏内，并在摘要栏内注明“承前页”字样。对需要结计本月发生额的账户，结计“过次页”的本页合计数应当为自本月初起至本页末止的发生额合计数；对需要结计本年累计发生额的账户，结计“过次页”的本页合计数应当为自年初起至本页末止的累计数；对既不需要结计本月发生额也不需要结计本年累计发生额的账户，可以只将每页末的余额结转次页。

(9) 会计年度开始，必须更换新账，根据业务量大小选择适当的账簿。

(10) 账簿要保持账面整洁，要保证账页完整。

（三）日记账的设置与登记

日记账一般分为普通日记账和特种日记账两种。现金日记账和银行存款日记账是常用的两种特种日记账。

1. 现金日记账的设置和登记方法

现金日记账是由出纳人员按照经济业务发生的时间先后顺序，根据有关现金收款凭证和现金付款凭证或提取现金的银行存款付款凭证，逐日逐笔进行登记的账簿。现金日记账通常使用订本式账簿，采用设有“借方(或收入)”“贷方(或支出)”“余额(或结余)”三栏式结构的账页。

每日，出纳人员依据审核无误的现金收款凭证、付款凭证和银行存款付款凭证逐笔登记现金日记账，并结出余额，每日终了应将余额与库存现金进行核对，以检查账实是否相符，做到日清月结。

2. 银行存款日记账的设置和登记方法

银行存款日记账是出纳人员根据有关银行的收款凭证、付款凭证和现金付款凭证，按照经济业务发生的时间顺序，逐日逐笔进行登记的账簿，以记录和反映银行存款的增减变化及其结果。银行存款日记账通常使用订本式账簿，采用设有“借方(或收入)”“贷方(或支出)”“余额(或结余)”三栏式结构的账页。

登记银行存款日记账时，由出纳人员根据有关银行存款的收款凭证、付款凭证和现金付款凭证，分别填写“年、月、日”“凭证编号”“摘要”各栏。“结算方式”根据所发生的经济业务的结算凭证的种类和编号填写。“借方”栏根据银行存款收款凭证或现金付款凭证合计行金额填写，“贷方”栏根据银行存款付款凭证合计行金额填写，“余额”栏根据借方或贷方金额计算填列，其结果表示银行存款的结存数额。期末，应将本单位的银行存款日记账与开户银行转来的对账单进行逐笔核对，以检验企业银行存款日记账的记录是否正确。

（四）总分类账的设置和登记方法

总分类账简称总账，是分类、连续记录经济业务总括情况的账簿。总分类账可以集中、全面地反映经济活动的总体情况，为进一步进行会计核算提供总括的信息资料。总分类账通常采用三栏式账页，其基本结构为“借方”“贷方”“余额”三栏。

会计人员可以直接根据记载经济业务的收款凭证、付款凭证、转账凭证及所附原始凭证逐日逐笔进行登记；也可以按不同的汇总方法，定期将有关的记账凭证进行归类汇总，编制成“记账凭证汇总表(科目汇总表)”或“汇总记账凭证”，然后再根据记账凭证汇总表或汇总记账凭证在相应的总分类账簿中进行登记。总分类账中各栏所记内容应该与记账凭证或记账凭证汇总表(或汇总记账凭证)内各项目记载内容吻合，并及时结算出余额。根据记账凭证汇总表或汇总记账凭证进行登记时，在总账“摘要”栏注明“根据×月×日至×月×日记账凭证汇总表(或汇总记账凭证)登记”。

(五) 明细分类账的设置和登记方法

明细分类账提供详细、具体的会计核算资料，对总分类账中记载的总括资料起补充、辅助作用。通常对财产物资、债权、债务、收入、费用等总分类账户按照经济活动的实际需要设置相应的明细分类账。

根据经济活动的特点及记录内容的需要，明细分类账可采用三栏式账页、数量金额式账页、多栏式账页进行登记。

1. 三栏式明细分类账

三栏式明细分类账的格式与总分类账相同，适用于“应收账款”“应付账款”“短期借款”“长期借款”等只需要对金额进行核算分析的经济业务。

2. 数量金额式明细分类账

数量金额式明细分类账适用于如“原材料”“库存商品”等既需要进行金额核算又需要进行具体的实物数量核算分析的经济业务。登记数量金额式明细分类账时，首先将明细科目名称、实物单位、规格、编号等填入对应的项目内。经济业务发生后，根据有关记账凭证及所附的原始凭证上记载的具体内容，登记明细账科目的增减数量、单价，并计算出总金额，然后按照选定的核算方法计算出结余的数量、单价和金额。

3. 多栏式明细分类账

多栏式明细分类账一般在“借方”或“贷方”栏下设立若干专栏，也可在借、贷双方栏下分别设立若干栏，以便具体、详细地记录反映某项资金的增减变动情况。多栏式明细分类账适用于成本、费用等需要详细核算、分析其组成、消耗情况的经济业务。

(六) 总分类账与明细分类账的平行登记

所谓平行登记就是对于发生的每一项经济业务，根据会计凭证(包括原始凭证和记账凭证)，一方面要在有关总分类账户中进行总括登记，另一方面又要在其所属的明细分类账户中进行详细登记(没有明细分类账户的除外)。平行登记的要点可概括为以下三点。

（1）平行登记的金额相等。

（2）平行登记的方向一致。

（3）平行登记的期间和依据相同。

总分类账户与所属明细分类账户本期发生额及余额平衡关系为

总分类账户本期借（或贷）方发生额

＝所属明细分类账户本期借（或贷）方发生额之和

总分类账户期末借（或贷）方余额

＝所属明细分类账户本期借（或贷）方余额之和

在会计实务工作中，根据总分类账户与其所属明细分类账户之间的这种平衡关系，通过编制“明细分类账户本期发生额及余额平衡表”，来检查总分类账户和所属明细分类账户的记录是否正确。平衡表的格式和内容如表2-57所示。

表2-57　总分类账户与明细分类账户发生额及余额平衡表

账户名称	期初余额		本期发生额		期末余额	
	借方	贷方	借方	贷方	借方	贷方
明细分类账户						
明细分类账户						
总分类账户						

三、实验设计

会计账簿的具体使用要求如下：

（1）启用账簿或调换记账人员时，应在账簿的“使用登记表”内逐项填写启用及交接记录。使用登记表中的“账簿页数”项，应于年末结账后填写实际使用的账簿页数；使用登记表中的“印鉴”项，应盖使用单位的“财务章或财务专用章”；会计账簿购买的印花税票，应粘贴在账簿使用登记表中的“印花税票”项内。

（2）登记账簿时要用蓝黑墨水笔或碳素笔，不得使用铅笔或圆珠笔；红色墨水笔只能用于改错、冲账、结账画线等；年度结束立卷归档时，应将与账簿无关的字迹清除。

（3）会计账簿必须根据审核无误的记账凭证及其所附的原始凭证逐项登记。月末对账时，应在记账凭证和会计账簿上注明“√”符号，表示已经记账。银行存款日记账和现金日记账上注明的“√”符号，年末归档时不再清除。

（4）账簿中的文字和数字不要写满格，一般应占格高的1/2，留有画线改错的余地。

（5）登记账簿时，凡需要登记会计科目，必须填列会计科目全称；如使用会计科目印章的，应使用蓝色印油。

（6）各种账簿应连续记载会计事项。每一账页记载完毕时，应在该账页的最后行摘要栏内注明“过次页”字样，结出合计数和余额；并将合计数和余额记入下一页第一行有关栏内，在摘要栏内注明“承前页”字样。

（7）各种账簿月末结账时，应在记录最后一笔经济业务所在行结计月末余额，并加盖

“借、贷、平”方向印章。

(8) 账簿记录不得刮擦、挖补或用褪色水更改字迹，发生错误时应用划线更正法或红字冲销法等进行更正。

四、实验设计用品

(1) 三栏式现金日记账。

(2) 三栏式银行存款日记账。

(3) 各种原始凭证、记账凭证、总分类账账页、明细分类账账页。

五、实验设计步骤和程序

(1) 设置各种账户并登记期初余额。按应收、应付款的明细项目或单位设置应收账款、应付账款明细分类账；按材料品种、规格设置原材料明细分类账；按费用项目设置管理费用明细分类账，并相应地登记各明细账户的期初余额。

(2) 根据实验设计所编制的收款凭证和付款凭证，逐日逐笔登记现金日记账和银行存款日记账，并进行结账。

(3) 正确登记各种明细账。根据有关应收、应付款的记账凭证及所附的原始凭证逐日逐笔登记应收账款、应付账款明细分类账，并逐笔结出余额；根据原材料收、发的凭证登记原材料明细分类账。

(4) 根据平行登记的要求，检查总分类账户与其所属明细分类账的平衡关系是否成立，并编制发生额及余额试算平衡表。

六、实验设计时间

实验设计时间为 4 学时。

七、实验设计资料

【资料 1】

北京市西飞机械制造有限责任公司子公司紫微公司 202×年 12 月 1 日现金日记账、银行存款日记账余额情况如三栏式账页所示。

要求：

(1) 根据资料编制有关收付款凭证，逐日逐笔登记三栏式现金日记账和银行存款日记账(表 2-58 和表 2-59)，按月汇总采用科目汇总表核算形式登记现金、银行存款总账(表 2-60 和表 2-61)，并进行结账。

(2) 登记账簿前，指导老师应向学生强调账簿登记的基本要求，使学生能够按记账规则登记账簿。

(3) 登记账簿前要求学生对编制的收付款凭证交换审核，确保账簿登记的准确性。

表　2-58

现金日记账

本账页　　次

202×年		凭证		摘要	收入									支出									借或贷	结余								
月	日	种类	编号		百	十	万	千	百	十	元	角	分	百	十	万	千	百	十	元	角	分		百	十	万	千	百	十	元	角	分
12	1			期初余额																			借									

表　2-59

银行存款日记账

本账页　　次

202×年		凭证		摘　要	收　入									支　出									借或贷	结　余								
月	日	种类	编号		百	十	万	千	百	十	元	角	分	百	十	万	千	百	十	元	角	分		百	十	万	千	百	十	元	角	分
12	1			期初余额																			借									

表　2-60

总分类账户

科　　目：库存现金　　　　　　　　　　　　　　　　　　　　　　本账页　　次

202×年		凭证		摘　要	借　方									贷　方									借或贷	余　额								
月	日	种类	编号		百	十	万	千	百	十	元	角	分	百	十	万	千	百	十	元	角	分		百	十	万	千	百	十	元	角	分

表　2-61

总分类账户

科　　目：银行存款　　　　　　　　　　　　　　　　　　　　　　本账页　　次

202×年		凭证		摘　要	借　方									贷　方									借或贷	余　额								
月	日	种类	编号		百	十	万	千	百	十	元	角	分	百	十	万	千	百	十	元	角	分		百	十	万	千	百	十	元	角	分

【资料 2】

北京市西飞机械制造有限责任公司 202×年 12 月 1 日往来账明细。

要求：

（1）根据 12 月资料登记三栏式“应收账款”“应付账款”明细分类账。

（2）采用记账凭证核算形式登记“应收账款”“应付账款”总账，并将总账及所属明细分类账的余额进行核对。

具体账务处理如表 2-62～表 2-69 所示。

表 2-62

明细分类账户

科　　目：　　　　　　　　　　　　　　　　　　　　　　　　本账页　　次

202×年		凭证		摘要	借方									贷方									借或贷	余额								
月	日	种类	编号		百	十	万	千	百	十	元	角	分	百	十	万	千	百	十	元	角	分		百	十	万	千	百	十	元	角	分

表 2-63

明细分类账户

科　　目：　　　　　　　　　　　　　　　　　　　　　　　　本账页　　次

202×年		凭证		摘要	借方									贷方									借或贷	余额								
月	日	种类	编号		百	十	万	千	百	十	元	角	分	百	十	万	千	百	十	元	角	分		百	十	万	千	百	十	元	角	分

表　2-64

总分类账户

科　　目：　　　　　　　　　　　　　　　　　　　　本账页　　次

202×年		凭证		摘　要	借　方									贷　方									借或贷	余　额								
月	日	种类	编号		百	十	万	千	百	十	元	角	分	百	十	万	千	百	十	元	角	分		百	十	万	千	百	十	元	角	分

表　2-65

总分类账户与明细分类账户
发生额及余额对照表

账户名称	期初余额		本期发生额		期末余额	
	借方	贷方	借方	贷方	借方	贷方
明细分类账						
明细分类账						
总分类账户						

表　2-66

明细分类账户

科　　目：　　　　　　　　　　　　　　　　　　　　本账页　　次

202×年		凭证		摘　要	借　方									贷　方									借或贷	余　额								
月	日	种类	编号		百	十	万	千	百	十	元	角	分	百	十	万	千	百	十	元	角	分		百	十	万	千	百	十	元	角	分

表 2-67

明细分类账户

科　　目：　　　　　　　　　　　　　　　　　　　　　　本账页　　次

202×年		凭证		摘要	借方									贷方									借或贷	余额								
月	日	种类	编号		百	十	万	千	百	十	元	角	分	百	十	万	千	百	十	元	角	分		百	十	万	千	百	十	元	角	分

表 2-68

总分类账户

科　　目：　　　　　　　　　　　　　　　　　　　　　　本账页　　次

202×年		凭证		摘要	借方									贷方									借或贷	余额								
月	日	种类	编号		百	十	万	千	百	十	元	角	分	百	十	万	千	百	十	元	角	分		百	十	万	千	百	十	元	角	分

表 2-69

总分类账户与明细分类账户
发生额及余额对照表

账户名称	期初余额		本期发生额		期末余额	
	借方	贷方	借方	贷方	借方	贷方
明细分类账						
明细分类账						
总分类账户						

【资料3】

北京市西飞机械制造有限责任公司对原材料的日常核算按实际成本计价,并采用永续盘存制,原材料的发出成本和期末原材料成本,按月末一次加权平均法计算。原材料按品种设置明细分类账。

202×年12月初原材料明细分类账的余额情况如表2-70所示。

表 2-70

原材料明细分类账期初余额表

202×年12月1日

品种	计量单位	规格	数量	单价	余额
合计					

要求:

(1) 根据12月有关业务的原始凭证和记账凭证及收发料原始凭证登记"原材料"总分类账及所属明细分类账,并进行结账,掌握数量金额式明细分类账登记方法。

(2) 检查"原材料"总分类账户与所属明细分类账户是否相符。

具体账务处理如表2-71～表2-74所示。

表 2-71

原材料明细账

类别:(略) 编号:K7621

计量单位:吨 名称及规格: 最高储备量:(略)

存放地点:2号库 储备定额:(略) 最高储备量:(略)

202×年		凭证		摘要	收入			发出			结存		
月	日	种类	编号		数量	单价	金额	数量	单价	金额	数量	单价	金额
				期初余额									

表 2-72

原材料明细账

类别：（略） 编号：K7622

计量单位：吨 名称及规格： 最高储备量：（略）

存放地点：1 号库 储备定额：（略） 最高储备量：（略）

202×年		凭证		摘要	收入			发出			结存		
月	日	种类	编号		数量	单价	金额	数量	单价	金额	数量	单价	金额
				期初余额									

表 2-73

总分类账户

科　目：原材料 本账页　次

202×年		凭证		摘要	借方									贷方									借或贷	余额								
月	日	种类	编号		百	十	万	千	百	十	元	角	分	百	十	万	千	百	十	元	角	分		百	十	万	千	百	十	元	角	分

表 2-74

总分类账户与明细分类账户发生额及余额对照表

账户名称	期初余额		本期发生额		期末余额	
	借方	贷方	借方	贷方	借方	贷方

【资料 4】

要求：根据 202×年 12 月北京市西飞机械制造有限责任公司管理费用的发生情况及有关凭证资料，登记“管理费用”明细分类账。掌握借方多栏式明细账的登记方法。管理费用明细分类账项目包括职工薪酬、办公费、折旧费、差旅费、保险费、招待费、培训费、水电费和其他。管理费用明细账如表 2-75 所示。

表 2-75

管理费用明细账

年		凭证		摘要	借方								贷方	余额
月	日	种类	编号		职工薪酬	办公费	折旧费	差旅费	招待费	保险费	其他	合计		

实验设计六　更 正 错 账

一、实验设计目标

账簿记录发生错误，不准涂改、挖补、刮擦或者用药水消除字迹，不准重新抄写，只能按照规定的改错方法进行更正，通过本项实验设计使学生掌握错账更正的方法，并能对发生的错账选择正确的方法加以更正。

二、实验设计指南(特别提示)

(一) 产生错账的原因

(1) 记账凭证填制错误,导致账簿登记错误。其主要表现为记录内容有误、计算错误、会计科目错误、借贷方向错误、借贷金额有误等。

(2) 记账凭证没有错误,但账簿登记错误(笔误)。其主要表现为账簿记录出现重记、漏记、混记和错记等情况。

(二) 查找错账的方法

一般情况下,如果发生了错账,应采取以下措施查找。

(1) 计算出差错的数额。

(2) 综合各种有关情况,确定可能出现差错的范围。

(3) 确定查找的线索,采用适当的方法予以查错。

主要查错方法有六种,即逆查法、顺查法、抽查法、差数法、差额"除二法"和"除九法"。

1. 逆查法

逆查法是按与账务处理相反的顺序,沿着"试算→结账→过账→制证"逆账处理程序,从后向前进行核对的方法。其具体步骤如下:

(1) 检查试算平衡表中本期发生额及期末余额的计算是否正确。

(2) 逐笔复核账簿记录是否与记账凭证相符,检查过账有无错误。

(3) 检查记账凭证与原始凭证的记录是否相符,检查记账凭证的填制是否正确。

该方法是实际工作中常用的查错方法。

2. 顺查法

顺查法是按账务处理的顺序,沿着"制证→过账→结账→试算"的账务处理程序,从头到尾进行全面核对的方法。其具体步骤如下:

(1) 检查记账凭证和所附原始凭证记录的内容是否相符、计算有无错误等。

(2) 将记账凭证和所附原始凭证与有关总分类账、日记账和明细分类账逐项进行核对。

(3) 结算各个账户的发生额及期末余额,检查有无计算错误。

(4) 检查试算平衡表是否抄错。

3. 抽查法

抽查法是抽取账簿记录中的某些部分进行局部检查的方法。当发现账簿记录有差错,可以根据差错的具体情况进行抽查。如果差错数字只是角位、分位或者只是整数,就可以缩小查找范围,专查角位、分位或整数位数字,其他数字则不必一一检查。

4. 差数法

差数法是根据错账的金额差数去查找漏记、重记金额的一种方法。具体讲,如果登记了某项经济业务的一部分，或在计算账户余额时漏记、重记了一项记录，于是就漏记、重记一笔金额，所导致的差数就等于被漏记、重记项目金额。

例如，现金日记账余额为 4 580 元，总账中现金账户的余额为 4 500 元，相差 80 元，可直接根据账面数（现金日记账余额）与核对数（总账中现金账户的余额）的差额来查找。记重账时，可从账簿记录中查找，如果发现同一账户记录中，有两个数相同并与这个差额（80 元）相等，其中一个数可能是重记的数字。漏记时，可在记账凭证中直接查找 80 元的经济业务，看是否漏记。

5. 差额“除二法”

如果在记账过程中出现错将借方金额记录在贷方或相反情况，则必然会出现一方（借方或贷方）合计数增多，而另一方（贷方或借方）合计数减少的现象。其差额应是记错方向金额数字的两倍，而且差错数必为偶数。对于这种错误的查找，则可采用“除二法”，即用差错数除以 2，得出的商数就是账中记错方向的数字。这样，在账目中去寻找差错的数字就有了一定的目标，而不必逐笔查找。例如，某月总分类账户借方发生额合计数比贷方发生额合计数大 1 000 元，用 1 000 除以 2，等于 500，则在总分类账户中去查找是否有一笔记录金额为 500 元的业务，错将贷方金额登记在借方；又如，原有原材料库存 6 000 元，又入库 1 000 元，应在“原材料”账户借方登记 1 000 元，期末余额应是 7 000 元，结果记在“原材料”贷方 1 000 元，致使期末余额只有 5 000 元，相差 2 000 元，用这个差额数字（2 000）除以 2，商数是 1 000，便是该错数。查找时应注意有无 1 000 元的业务记反了方向。由此可见，“除二法”是查找出现方向记反错误的有效方法。

6. “除九法”

“除九法”是通过将差数除以 9 来检查错账的方法。

1）数字错位情况

如果差错的数额较大，就应检查是否在记账时发生了数字错位。因为在登账过程中，可能会把数字的位数弄错，如把十位数错记为百位数，或者错将千位数记成百位数等。出现错位这种错误情况，其差数均可被 9 整除，其商数就是要查找的差错数。如果是大数记成了小数，如 52 830 误记为 5 283，差数 47 547，除以 9 后，商为 5 283，你就可以在账簿上查找是否将 52 830 误记为 5 283；如果是小数记成了大数，如 420 误记为 4 200，差数为 3 780，除以 9 后，商为 420，将 420 乘 10 后得 4 200，你就可以在账簿中查找是否将 420 误记为 4 200 的情况。又如，某笔记录将 1 000 元错记为 100 元，其差数为－900，将差数被 9 除，商数为－100，则应在账目记录中去查找是否有将 1 000 元错记成 100 元的记录；同理，若出现将 100 元错记为 1 000 元，其差数为＋900 元，用 9 去除，商数为＋100 元，则应在总账记录中查找是否有将 100 元错记成 1 000 元的记录。

2）邻数倒置的情况

邻数倒置即将一笔金额中相邻的两位数字或相邻的三位数字记颠倒的错误。这种错误，也可以采用“除九法”进行查找。同样是用差数除以 9，也为整数。然后在账簿记录中检查是否出现数字颠倒的错误。如将 52 误记为 25，或将 25 误记为 52，两个数字颠倒后，个位数变成了十位数，十位数变成了个位数，这就造成了差额为 9 的倍数。

如果前大后小颠倒为前小后大，正确与错误的数的差额就是一个正数，这个差数除以9所得商的有效数字便是相邻颠倒两数的差值。如将52错记为25，差数27除以9的商数为3，这就是相邻颠倒两数的差值(5－2)。如果前小后大颠倒为前大后小，正确数与错误数的差数则是一个负数，这个差数除以9所得商数的有效数字就是相邻颠倒两数的差值，如将25错误记为52，差记数－27除以9的商为－3，这就是相邻颠倒两数差值(2－5)。可以从与差值相同的两个相邻数范围内去查找，这样就缩小了查找范围。例如，将金额89元记为98元，差数为9，用9去除，商数为1；又如，将金额386元记为638元，差数为252元，然后用9去除，商数为28。因此，“除九法”不仅适用于错位的查找，也适用于邻数倒置的查找。

（三）错账更正的规则

错账更正的方法一般包括三种，即划线更正法、红字更正法、补充登记法。

1. 划线更正法

在结账前核查时，发现记账凭证填制无误而账簿记录由于会计人员不慎出现笔误或计算失误，造成账上文字或数字错误，此种错账可采用“划线更正法”。

划线更正法的具体做法是：

(1) 在错误的文字或全部数字正中画一条红线，表示错误内容已被注销。

(2) 应保持原记录文字或数字的内容清晰易于辨认。

(3) 将正确的文字或数字用蓝、黑色墨水笔书写在被注销的文字或数字上端的空白处。

(4) 由记账人员在更正处签章，以保证以后会计核算的正确，同时明确相关人员责任。更正时须注意：如是文字写错，可以只更正个别错字；若是数字写错，必须将错误数字全部注销，不能只更正该数字中的个别错误数字。

2. 红字更正法

红字更正法又称红字冲销法、赤字冲销法。当出现以下两种情形之一时，可采用红字更正法。

(1) 在记账后，经核对发现原记账凭证上会计科目名称写错或应借、应贷的方向记错而造成账簿记录错误。

(2) 在记账或结账以后，在核对时发现原记账凭证上所记载的金额大于经济业务的实际金额，造成账簿记录中金额错误。

红字更正法的具体做法是：当核对发现原记账凭证所用的会计科目或应借、应贷方向记录有误并已据此登记入账，更正如下。

(1) 用红字填写一张与原错误记账凭证内容相同、金额相同的记账凭证，据此再登记账簿(红字)，在摘要栏说明“冲销×月×日×号凭证”。填制日期，写更正日期；凭证编号，接本日已编凭证分号填写。将原有错误记录冲销。

(2) 以蓝字填制一张正确的记账凭证，其中摘要栏写“订正×月×日×号凭证”字样；凭证编号，接上述更正错账的凭证编号，将正确内容记载下来。

(3) 把更正错账的记账凭证交给审核人审核签名后，据以按凭证分号顺序登记入账，其中凭证上的金额是红字的，以红字金额登记入账(其他内容均以蓝字登记)。

记账后，发现原记账凭证和账簿上所记金额大于应记金额时用红字更正的程序与方法如下：

（1）填制一张凭证种类和科目与原错误的记账凭证相同，但金额为多记部分而且是红字的记账凭证。摘要栏，写“冲销×月×日×号凭证多记金额”字样。

（2）经审核人审核签字，以红字金额登记入账。

3. 补充登记法

在记账或结账以后，经核对发现记账凭证中使用的会计科目，应借、应贷方向没有错误，只是所记金额小于应记金额，并已据此登记入账，造成账簿记录相应出错，对这种类型的错账，可使用补充登记法。

补充登记法的具体做法是：核对时发现记账凭证上记载的金额小于经济业务的实际金额，并已在相应的账簿中记载下来，此时可按照少记的金额，填写一张与原记账凭证中的会计科目和应借、应贷方向完全相同的记账凭证，在“摘要”栏注明“补充×月×日×号凭证少记金额”，以此凭证过入相应的账簿中，在账簿的“摘要”栏注明“补充×月×日少记金额”。

三、实验设计

（1）错账的更正程序与方法如下：

① 过账笔误用划线更正的程序与方法。

② 记账后，发现原记账凭证和账簿上科目有误时用红字更正的程序与方法。

③ 记账后，发现原记账凭证和账簿上所记金额大于应记金额时用红字更正的程序与方法。

④ 记账后，发现原记账凭证和账簿上所记金额小于应记金额时用补充登记的程序与方法。

（2）分别采用划线更正法、红字更正法和补充登记法更正错账。

（3）对所有改错记账凭证，应按统一“改错1号”“改错2号”“改错3号”……进行编号，可以不附附件。

四、实验设计用品

原始凭证、记账凭证、总分类账账页和明细分类账账页。

五、实验设计步骤和程序

（1）审核原始凭证和记账凭证，并进行账证核对，以检查账簿记录是否正确。

（2）对查出的记账错误，要采用规定的方法更正。

（3）结出更正后的账户余额。

六、实验设计时间

实验设计时间为 2 学时。

七、实验设计资料

北京市西飞机械制造有限责任公司 202×年 11 月有 4 笔经济业务的原始凭证、记账凭证及账簿的登记情况如下所示。

(1) 11 月 10 日生产 A 产品领用圆钢。领料单如表 2-76 所示，转账凭证如表 2-77 所示。

表 2-76

（北京市西飞机械制造有限责任公司）

领 料 单

领料单位：安装车间　　　　编号：23670

用　　途：生产 A 产品　　202×年 11 月 10 日　　仓库：1 号库

材料编号	材料名称及规格	计量单位	数量		单价	金额
			请领	实发		
0021	圆钢	吨	6	6	1 500	9 000.00
合计			6	6		9 000.00

记账：马虹　　发料：李容　　领料：李丹

表 2-77

转 账 凭 证

202×年 11 月 10 日　　转字 4 号

摘要	科目名称		借方金额								贷方金额								记账
	总账科目	明细科目	十	万	千	百	十	元	角	分	十	万	千	百	十	元	角	分	
领用材料	生产成本	A 产品			9	0	0	0	0	0									√
	原材料	圆钢											9	0	0	0	0	0	√
合计金额				¥	9	0	0	0	0	0		¥	9	0	0	0	0	0	

附件 1 张

会计主管：王之　　记账：马虹　　复核：马虹　　制单：红英

(2) 11 月 10 日，以现金购买复印纸。发票如表 2-78 所示，付款凭证如表 2-79 所示。

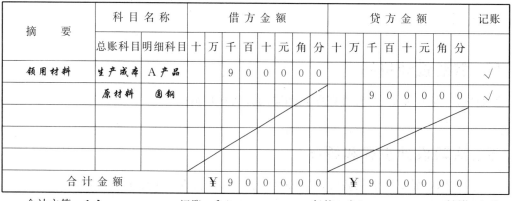

表　2-78

北京增值税专用发票

抵　扣　联

11100052101　　　　　　　　　　　　　　　　　No 46789

开票日期：202×年 11 月 10 日

购货单位	名　　称：北京市西飞机械制造有限责任公司 纳税人识别号：110106005566099 地 址 、电 话：北京市开发区 228 号 62500188 开户行及账号：工商银行西坝河分理处 0200538801093378911	密码区	8510－801＜＋911047/＊71961－85＋ 107157＞1－85/893＊－158/－0815＋＊ 619＞51078/＊50889158＋81－＞15＋//9

货物或应税劳务名称	规格型号	单位	数量	单价	金　额	税率	税　额
复印纸	A4	箱	10	17.70	176.99	13%	23.01
合　计					¥176.99		¥23.01
价税合计(大写)	⊗贰佰元整				(小写) ¥200.00		

销货单位	名　　称：北京市双安商场 纳税人识别号：91110108737662172P 地 址 、电 话：北京市海淀区北三环西路 38 号 62540010 开户行及账号：中信银行北京西单支行 7112310182700000540	备注	北京市双安商场 发票专用章

收款人：　　　复核：　　　开票人：吴胜　　　销货单位：(章)

第二联　抵扣联　购货方扣税凭证

表　2-79

付 款 凭 证

贷方科目：库存现金　　　202×年 11 月 10 日　　　现付字 10 号

摘　要	借方总账科目	明 细 科 目	金额 百	十	万	千	百	十	元	角	分	记　账
办公用品(复印纸)	管理费用	办公费					2	0	0	0	0	√
合 计 金 额						¥	2	0	0	0	0	

附件 1 张

会计主管：王之　　　记账：　　　复核：马虹　　　制单：红英　　　出纳：红英

(3) 11 月 10 日，职工张华去郑州出差借款。借款单如表 2-80 所示，付款凭证如表 2-81 所示。

表　2-80

借　款　单

202×年 11 月 10 日　　　　　　单位：元

工 作 部 门	采购部	姓　名	张华		
借款理由	去郑州采购材料				
借款金额	¥3 000.00	批准金额	¥3 000.00		
人民币(大写)	叁仟元整			付款方式	现金
借款人签字	张华	财务经理	王之	单位领导审批	王盟

表 2-81

付款凭证

贷方科目：库存现金　　　　202×年 11 月 10 日　　　　现付字 11 号

摘要	借方总账科目	明细科目	金额 百	十	万	千	百	十	元	角	分	记账
职工预借差旅费	其他应收款	张华					3	0	0	0	0	√
合计金额						¥	3	0	0	0	0	

附件 1 张

会计主管：王之　　记账：　　复核：马虹　　制单：红英　　出纳：红英

（4）11 月 10 日，销售废料一批。发票如表 2-82 所示，付款凭证如表 2-83 所示。

表 2-82

北京增值税专用发票

111000412022　　　　记账联　　　　No 432660

开票日期：202×年 11 月 10 日

购货单位	名称：兴业废品收购站 纳税人识别号：92440300L129645123 地址、电话：北京市海淀区桃源街道珠光北路石材厂 83440000 开户行及账号：工商银行北京西单支行 0200026219900059935	密码区	3949+582 * 848959583/083+-2690< * 49050684+27 * //84903+ * 785960-839 >048+9372 * 7480+893->0

货物或应税劳务名称	规格型号	单位	数量	单价	金额	税率	税额
废钢		千克	1000	1.33	1327.43	13%	172.57
合计					¥1327.43		¥172.57
价税合计(大写)	⊗壹仟伍佰圆整				(小写) ¥1500.00		

销货单位	名称：北京市西飞机械制造有限责任公司 纳税人识别号：110106005566099000 地址、电话：北京市开发区 228 号 62500188 开户行及账号：工商银行西坝河分理处 0200538801093378911	备注	

第一联 记账联 销货方记账凭证

收款人：　　复核：　　开票人：和平　　销货单位：(章)

表 2-83

收款凭证

借方科目：库存现金　　　　202×年 11 月 10 日　　　　现收字 12 号

摘要	贷方总账科目	明细科目	金额									记账
			百	十	万	千	百	十	元	角	分	
售废料	其他业务收入					1	0	0	0	0	0	√
合计金额					¥	1	0	0	0	0	0	

附件 1 张

会计主管：王之　　记账：　　复核：马虹　　制单：红英　　出纳：红英

具体账务处理如表 2-84～表 2-93 所示。

表 2-84

总分类账户

科　目：库存现金

202×年		凭证		摘要	借方									贷方									借或贷	余额								
月	日	种类	编号		百	十	万	千	百	十	元	角	分	百	十	万	千	百	十	元	角	分		百	十	万	千	百	十	元	角	分
11	1			期初余额																			借				4	1	0	0	0	0
	10	现付	10	购买办公用品														2	0	0	0	0	借				3	9	0	0	0	0
	10	现付	11	职工借差旅费														3	0	0	0	0	借				3	6	0	0	0	0
	10	现收	12	销售废料一批				1	0	0	0	0	0										借				4	6	0	0	0	0

表 2-85

总分类账户

科　目：生产成本

202×年		凭证		摘要	借方									贷方									借或贷	余额								
月	日	种类	编号		百	十	万	千	百	十	元	角	分	百	十	万	千	百	十	元	角	分		百	十	万	千	百	十	元	角	分
11	10	转	4	领用材料				9	0	0	0	0	0																			

表 2-86

总分类账户

科　目：原材料

202×年		凭证		摘要	借方									贷方									借或贷	余额								
月	日	种类	编号		百	十	万	千	百	十	元	角	分	百	十	万	千	百	十	元	角	分		百	十	万	千	百	十	元	角	分
11	1			期初余额																			借		1	0	0	0	0	0	0	0
	10	转	4	生产领用材料													9	0	0	0	0	0	借			9	1	0	0	0	0	0

表　2-87

总分类账户

科　　目：管理费用

202×年		凭证		摘要	借方									贷方									借或贷	结余								
月	日	种类	编号		百	十	万	千	百	十	元	角	分	百	十	万	千	百	十	元	角	分		百	十	万	千	百	十	元	角	分
11	8			承前页				2	0	0	0	0	0																			
	10	现付	10	购买办公用品				2	0	0	0	0	0																			

表　2-88

总分类账户

科　　目：其他应收款

202×年		凭证		摘要	借方									贷方									借或贷	余额								
月	日	种类	编号		百	十	万	千	百	十	元	角	分	百	十	万	千	百	十	元	角	分		百	十	万	千	百	十	元	角	分
11	1			期初余额																			借				1	2	0	0	0	0
	10	现付	12	职工出差借款				3	3	0	0	0	0										借				1	5	0	0	0	0

表　2-89

总分类账户

科　　目：其他业务收入

202×年		凭证		摘　要	借　方 百十万千百十元角分	贷　方 百十万千百十元角分	借或贷	余　额 百十万千百十元角分
月	日	种类	编号					
11	5	转		收取租金		400000		
	10	现收	12	销售废料一批		100000		

表　2-90

总分类账户

科　　目：

202×年		凭证		摘　要	借　方 百十万千百十元角分	贷　方 百十万千百十元角分	借或贷	余　额 百十万千百十元角分
月	日	种类	编号					

表　2-91

总分类账户

科　　目：

202×年		凭证		摘要	借方									贷方									借或贷	余额								
月	日	种类	编号		百	十	万	千	百	十	元	角	分	百	十	万	千	百	十	元	角	分		百	十	万	千	百	十	元	角	分

表　2-92

总分类账户

科　　目：

202×年		凭证		摘要	借方									贷方									借或贷	余额								
月	日	种类	编号		百	十	万	千	百	十	元	角	分	百	十	万	千	百	十	元	角	分		百	十	万	千	百	十	元	角	分

表 2-93

总分类账户

科　　目：

202×年		凭证		摘要	借方									贷方									借或贷	余额								
月	日	种类	编号		百	十	万	千	百	十	元	角	分	百	十	万	千	百	十	元	角	分		百	十	万	千	百	十	元	角	分

要求：

（1）根据上述资料，采用正确的方法对错账进行更正。

（2）实验设计前，指导老师应给学生讲授错账更正方法的有关知识，使学生能用正确的方法进行更正。

（3）实验设计中，要对每笔经济业务的原始凭证与记账凭证，记账凭证与账簿记录进行核对，指出存在的错误，说明应采用的更正方法，并进行更正。

实验设计七　银行存款余额调节表的编制

一、实验设计目标

通过实验设计使学生掌握银行存款清查、银行存款余额调节表的编制方法。

二、实验设计指南（特别提示）

银行存款的清查，是通过与开户银行核对账目的方法进行的。在同银行核对账目之前，应先检查本单位银行存款日记账的正确性和完整性，然后将企业银行存款日记账与银行对账单逐笔进行核对。核对的内容包括：收付款金额，结算凭证的种类和号数，收入的来源，支出的用途，发生时间以及存款余额等。核对结果，如果二者余额一致，说明双方记账没有错误。如果不一致，有两种情形：一是由于某一方记账有错误，应及时查明更正；二是存在未达账项。所谓未达账项是指企业与银行之间对于同一业务，取得凭证的时间不同，致使记账时间不一致而发生一方已记账，而另一方尚未登记入账的款项。未达账项有以下四种情况。

(1) 企业已收款入账，银行未收款入账。

(2) 企业已付款入账，银行未付款入账。

(3) 银行已收款入账，企业未收款入账。

(4) 银行已付款入账，企业未付款入账。

如果有未达账项存在，使企业银行存款日记账余额与银行对账单余额不符，应编制补记式"银行存款余额调节表"，对未达账项进行调节。如果调节后双方的余额相等，则说明双方记账均没错误；如果调节后双方余额仍不等，则可能某一方记账有错误。

"银行存款余额调节表"的编制方法是：企业与银行双方都在各自存款余额的基础上，加上对方已收、本单位未收款，减去对方已付、本单位未付款。计算公式为

企业银行存款日记账调节后余额＝企业银行存款日记账余额＋银行已收企业未收金额－银行已付企业未付金额

银行对账单调节后余额＝银行对账单余额＋企业已收银行未收金额－企业已付银行未付金额

银行存款余额调节表不是原始凭证，只起对账的作用，不能据以登记账簿。调节后余额，是企业当时实际可以动用的款项。

企业银行存款日记账与银行对账单至少每月核对一次，出纳员应在月末 3 日内核对完毕，每月编制一次银行存款余额调节表，会计主管人员每月至少检查一次，并写出书面检查意见。银行存款余额调节表如表 2-94 所示。

表　2-94

银行存款余额调节表

年　月　日　　　　单位：元

项　目	金　额	项　目	金　额
银行对账单余额 加：企业已收银行未收款 减：企业已付银行未付款		企业银行存款日记账余额 加：银行已收企业未收款 减：银行已付企业未付款	
调节后存款余额		调节后存款余额	

三、实验设计

(1) 银行存款清查前应先检查本单位银行存款日记账的正确性和完整性，如发现本单位记账有错误，应及时更正、补记。

(2) 按月到银行索取银行存款对账单，并与企业的银行存款日记账逐笔进行核对，检查是否存在未达账项。清查人员应确认哪些事项属于未达账项，然后根据被确认的未达账项编制银行存款余额调节表，从而确定双方记账有无差错。

(3) 如果经过余额调节，双方余额相等，说明双方的记账一致；如果经过余额调节，双

方的余额不相等，说明账簿记录出现错误，这时，应进一步查明原因，更正错误。

四、实验设计用品

（1）已填制的银行存款日记账。

（2）模拟的银行对账单。

（3）空白银行存款余额调节表。

五、实验设计步骤和程序

（1）将企业银行存款日记账与银行对账单进行核对，找出未达账项。

（2）编制银行存款余额调节表。

（3）分析发生差异的原因。

六、实验设计时间

实验设计时间为2学时。

七、实验设计资料

北京市西飞机械制造有限责任公司202×年11月银行存款对账单和银行存款日记账如表2-95和表2-96所示。

表 2-95

中国工商银行北京市分行西坝河分理处对账单

单位名称：北京市西飞机械制造有限责任公司

账　　号：0200160101040019608　　202×年11月30日　　第1页　共1页

202×年		摘　要	支票号码	借　方	贷　方	金　额
11月	日					
11	1	期初余额				120 000
11	1	收到投资款			350 000	
11	1	取得短期贷款			200 000	
11	8	提取现金	＃5695	2 000		
11	9	购材料付运费	＃6889	3 000		
11	10	购买固定资产轿车	＃6890	117 000		
11	11	购买车床	＃6891	234 000		
11	11	购车床运费	＃6892	6 000		
11	14	购买材料	＃6893	46 800		
11	16	北华公司退多余款			410	
11	16	支付修理费	＃6894	300		

续表

202×年		摘　　要	支票号码	借　　方	贷　　方	金　　额
11月	日					
11	19	京海公司还货款			100 000	
11	21	购买办公用品	＃6895	1 300		
11	21	支付广告费	＃6896	15 000		
11	21	救灾捐款	＃6897	20 000		
11	25	销售产品			327 600	
11	25	代扣水电费		3 200		
11	30	交存现金			1 500	
11	31	预付202×年财产保险	＃6900	12 000		
11	31	提现金发工资	＃5696	95 000		
11	31	收上海虹建销货款			76 000	
		本月合计	—	555 600	1 055 510	619 910

表　2-96

银行存款日记账

第16页

202×年		摘　　要	支票号码	借　　方	贷　　方	金　　额
11月	日					
11	1	期初余额				120 000
11	1	收到投资款		350 000		
11	1	取得短期贷款		200 000		
11	8	提取现金	＃5695		2 000	
11	9	购材料付运费	＃6889		3 000	
11	10	购买固定资产轿车	＃6890		117 000	
11	11	购买车床	＃6891		234 000	
11	11	购车床运费	＃6892		6 000	
11	14	购买材料	＃6893		46 800	
11	16	北华公司退多余款		410		
11	16	支付修理费	＃6894		300	
11	19	京海公司还货款		100 000		
11	21	购买办公用品	＃6895		1 300	
11	21	支付广告费	＃6896		15 000	
11	21	救灾捐款	＃6897		20 000	
11	25	销售产品		327 600		
11	25	付销售产品运费	＃6898		1 500	
11	30	付业务招待费	＃6899		2 280	
11	25	交存现金		1 500		
11	30	预付202×年财产保险	＃6900		12 000	
11	31	提现金发工资	＃5696		95 000	
		本月合计	—	1 079 510	556 180	643 330

要求：

(1) 将银行存款日记账和银行对账单进行核对，找出未达账项，并编制银行存款余额调节表(表 2-97)。掌握银行存款清查、银行存款余额调节表的编制方法。

表 2-97

银行存款余额调节表

202×年 11 月 30 日　　　　单位：元

项　目	金　额	项　目	金　额
银行对账单余额 加：企业已收银行未收款 减：企业已付银行未付款		企业银行存款日记账余额 加：银行已收企业未收款 减：银行已付企业未付款	
调节后存款余额		调节后存款余额	

(2) 实习指导教师应向学生强调造成未达账项的四种原因。

(3) 学生要将银行存款日记账与银行对账单的凭证号数核对，分析产生未达账项的原因。

实验设计八　对账、结账和试算平衡表的编制

一、实验设计目标

熟悉掌握记账方法以后，应当定期对会计账簿记录的有关数字与库存实物、货币资金、有价证券、往来单位或者个人等进行相互核对，保证账证相符、账账相符、账实相符，以确保会计报表的数字真实、可靠，并通过编制试算平衡表加以反映。通过对账、结账和编制试算平衡表模拟实验设计，使学生了解对账、结账的目标、要求及内容，掌握对账、结账的实际操作程序，掌握试算平衡表的编制方法。

二、实验设计指南(特别提示)

(一) 对账的内容

对账的主要内容包括以下几方面。

1. 账证核对

核对会计账簿记录与原始凭证、记账凭证的时间、凭证字号、内容和金额是否一致，记账方向是否相符。

2. 账账核对

核对不同会计账簿之间的账簿记录是否相符，具体包括：

（1）将全部总分类账簿的本期借方发生额合计数与本期贷方发生额合计数进行核对，将全部总分类账簿的期末借方余额合计数与期末贷方余额合计数进行核对，从总体上检查总分类账记录的数据是否正确。这种核对可以通过定期编制总分类账户试算平衡表进行。

（2）将总分类账与其所属的明细分类账进行核对，检查总分类账和明细分类账双方记载的经济业务内容及记账方向是否一致，总分类账户金额与其所属明细分类账户金额之和是否一致。这种核对可通过定期编制明细分类账户本期发生额及余额对照表进行。

（3）将"现金日记账""银行存款日记账"的期末余额与总分类账中"库存现金""银行存款"账上的期末余额核对，检查总分类账与日记账记录是否相符。

（4）将财会部门财产物质明细分类账的期末余额与相应的财产物质保管部门或使用部门的明细账、卡上记载的期末结存数额核对，检查其是否相符。

3. 账实核对

核对会计账簿记录与财产等实有数额是否相符，具体包括：

（1）现金日记账账面余额与现金实际库存数核对。

（2）银行存款日记账账面余额定期与银行对账单核对。

（3）各种财产物资明细账账面余额与财产物资实存数额核对。

（4）各种应收、应付款明细账账面余额与有关债权、债务单位或者个人核对等。

4. 账表核对

账表核对是将账簿的有关记录同会计报表的有关指标相核对，以保证账表相符。

（二）结账

结账是指在一定时期内所发生的全部经济业务登记入账的基础上，将各类账簿记录核算完毕，结出各种账簿本期发生额合计和期末余额的一项会计核算工作，即结出每个账户的期末余额，结束该期账户记录。

1. 结账工作的内容

（1）在结账前，应将当期所发生的经济业务全部登记入账，检查是否有重复记录、遗漏记录的经济业务，是否有记录错误，以便在结账前及时更正。

（2）在结账前，应及时调整需进行期末调整的账项，编制有关调整账项的会计分录，并据以登记入账。

（3）在确认当期发生的经济业务、调整账项及有关转账业务已全部登记入账后，可办理结账手续。结计总分类账、现金日记账、银行存款日记账、明细分类账各账户的本期发生额和余额及累计额，并结转下期账簿记录。

（4）在结账前，应认真核对和及时清理往来账目，妥善处理应收、应付及暂收、暂付款项的清偿事宜，力争减少呆账和坏账损失的发生。

2. 结账方法

结账可分为月度结账（月结）、季度结账（季结）、年度结账（年结）。

1）月度结账

月度结账是指每月终了时进行的结账。月度结账的方法是：在最后一笔经济业务的记录下面画一条通栏红线(单红线)，在红线下面的一行“摘要”栏内注明“本月合计”或“本期发生额及期末余额”，在“借方”“贷方”“余额”三栏分别计算出本月借方发生额合计、贷方发生额合计和结余数，然后在此行下面再画一条通栏红线(单红线)，表明本期结算完毕。

2）季度结账

季度结账是指每季终了时进行的结账。季度结账的方法是：在每季度最后一个月的月度结账的下一行“摘要”栏注明“本季度累计”或“本季度发生额及余额”，在“借方”“贷方”“余额”三栏分别计算出本季度3个月的借方、贷方发生额合计数及季末余额，然后在此行下面画一条红线(单红线)，表示季度结账完毕。

3）年度结账

年度结账是指每年年末进行的结账。年度终了结账时，所有总分类账中都应当结出全年发生额和年末余额。年度结账方法是：在本年最后一个季度的结账下一行“摘要”栏注明“本年累计”或“本年发生额及年末余额”，在“借方”“贷方”“余额”三栏分别填入本年度借方发生额合计、贷方发生额合计和年末余额，然后在此行下面画两条通栏红线(双红线)，表示全年经济业务的登账工作至此全部结束，格式如表2-98所示。

表 2-98

总分类账

会计科目：库存现金

202×年		凭证		摘要	借方	贷方	借或贷	余额
月	日	种类	编号					
1	1			上年结转			借	2 600
1	10				1 200	1 800	借	2 000
1	20				1 000	200	借	2 800
1	31				300	700	借	2 400
1	31			本月合计	2 500	2 700	借	2 400
2	10	(略)	(略)		1 050	50	借	3 400
2	20				260	960	借	2 700
2	28				150	650	借	2 200
2	28			本月合计	1 460	1 660	借	2 200
3	10				880	600	借	2 480
3	20				1 500	450	借	3 530
3	31				560	1 440	借	2 650
3	31			本月合计	2 940	2 490	借	2 650
				本季合计	6 900	6 850	借	2 650
				(略)				
12	31			本年累计	32 000	31 050	借	3 550
12	31			上年结转	2 600			
12	31			结转下年		3 550		
12	31			本年合计	34 600	34 600	平	

4）更换账簿

年度终了须更换新的账簿。年度结账以后，将本年度账簿中的余额结转下一会计年度对应的新账簿中去，然后将本年度的全部账簿整理归档。结转账簿年度余额时，在本账簿中最后一笔记录（本年累计）的下一行“摘要”栏注明“结转下年”字样，将计算出的年末余额记入与余额方向相反的“借方（或贷方）”栏内，在“余额”栏注明“0”，在“借或贷”栏注明“平”，至此本账簿年末余额结转完毕。下一个会计年度对所有账簿进行重新开设。登记第一笔经济业务之前，应首先将本账簿的上年余额列示出来，即在新建的有关会计账簿的第一行填写“×月×日，上年结转”，将上年结转的余额列入“余额”栏，并标明余额借贷方向，余额方向应同上一个会计年度本账簿的余额方向相同。

（三）编制试算平衡表

在借贷记账法下，试算平衡有发生额试算平衡和余额试算平衡两种。

1. 全部账户发生额试算平衡

每一笔经济业务按照借贷记账法的记账规则记账时，借贷两方的金额是相等的，一定会计期间的全部账户的借方发生额和贷方发生额的合计数也必然相等，即

全部账户本期借方发生额合计＝全部账户本期贷方发生额合计

2. 全部账户余额试算平衡

借贷记账法下，资产类账户一般表现为借方余额，所有账户的借方余额合计即为资产总额；权益类账户一般表现为贷方余额，所有账户的贷方余额合计即为权益总额。因为“资产＝权益”，故

全部账户期初借方余额合计＝全部账户期初贷方余额合计

全部账户期末借方余额合计＝全部账户期末贷方余额合计

3. 试算平衡表的编制

每一会计期间结束时，在已结出各个总分类账户本期发生额和期末余额的基础上，通常编制“总分类账户本期发生额及余额试算平衡表”进行试算平衡。其格式如表 2-99 所示。

表　2-99

总分类账户本期发生额及余额试算平衡表

账户名称	期初余额		本期发生额		期末余额	
	借方	贷方	借方	贷方	借方	贷方
库存现金						
银行存款						
应收账款						
原材料						
固定资产						
短期借款						
应付账款						

续表

账户名称	期初余额		本期发生额		期末余额	
	借方	贷方	借方	贷方	借方	贷方
其他应收款						
实收资本						
资本公积						
合　计						

试算平衡表是一种会计工作底稿，不是正式的会计报表，其作用主要是进行试算平衡，核对记账有无差错，试算平衡说明账户记录基本正确，并为编制会计报表做准备。

三、实验设计

（一）在日常编制记账凭证和记账过程中及月末要进行对账

对账内容包括账证核对、账账核对和账实核对。

（二）结账的主要工作

（1）将本期所发生的全部经济业务登记入账。

（2）按照权责发生制的要求，应注意以下几点。

① 有关账项调整的记账凭证是否已全部登记入账。

② 检查有关期末办理的转账业务，如制造费用的分配、完工产品成本的结转、固定资产的折旧、待摊费用的摊销、预提费用的提取、已销产品成本的结转等业务是否已经填制记账凭证并据以登记入账。

③ 检查各损益类账户的发生额是否已转入“本年利润”账户。

（3）计算出所有账户的本期发生额和期末余额。计算本月发生额合计数和余额时，红字金额要从蓝字金额中抵减。

（4）编制“总分类账户本期发生额及余额试算平衡表”。

（5）按规定的程序，月末采用画线结账方法结账。

四、实验设计用品

各种日记账、总分类账和明细分类账账页。

五、实验设计步骤和程序

（1）检查本期内日常发生的经济业务是否已经全部登记入账。除实验设计四已登记贴页的科目外，其余科目在 T 型账户中登记。

（2）将本月全部经济业务登记入账，计算出各账户的本期发生额和期末余额后，进行账账核对，其中对总分类账和明细分类账进行核对，应编制有关明细分类账户本期发生额及余额对照表。

(3) 检查漏账、错账是否补记与更正。

(4) 按照权责发生制要求，检查有关账项调整的记账凭证是否已全部登记入账。

(5) 检查有关期末办理的转账业务，是否已经填制记账凭证并据以登记入账。

(6) 检查各损益类账户的发生额是否已转入"本年利润"账户。

(7) 检查"本期发生额及余额试算平衡表"借贷方是否平衡；若不平衡，查找原因，直至平衡。

(8) 现金日记账、银行存款日记账实行"日结"，其他账簿在月末实行"月结"。

六、实验设计时间

实验设计时间为 2 学时。

七、实验设计资料

根据实验设计四的日记账、总分类账和明细分类账账页进行结账。

实验设计九　会计报表的编制

一、实验设计目标

通过实验设计使学生熟练掌握资产负债表和利润表的基本结构、编制要求和编制的基本方法。

二、实验设计指南(特别提示)

(一) 会计报表编制的基本规定

(1) 各单位必须按照国家统一会计制度的规定，定期编制财务报告。财务报告包括会计报表及其附表、会计报表附注和财务情况说明书。

(2) 各单位对外报送的财务报告应当根据国家统一会计制度规定的格式和要求编制。单位内部使用的财务报告，其格式和要求由各单位自行规定。

(3) 会计报表应当根据登记完整、核对无误的会计账簿记录和其他有关资料编制，做到数字真实、计算准确、内容完整、说明清楚。任何人不得篡改或者授意、指使和强令他人篡改会计报表的有关数字。

(4) 会计报表之间、会计报表各项目之间，凡有对应关系的数字，应当相互一致。本期会计报表与上期会计报表之间有关的数字应当相互衔接。如果不同会计年度会计报表中各项目内容和核算方法有变更的，应当在年度会计报表中加以说明。

(5) 各单位应当按照国家统一会计制度的规定认真编写会计报表附注及其说明，做到项目齐全、内容完整。

(6) 各单位应当按照国家规定的期限对外报送财务报告。对外报送的财务报告，应当依次编订页码、加具封面、装订成册并加盖公章。封面上应当注明：单位名称，单位地址，财务报告所属年度、季度、月度，送出日期，并由单位领导人、总会计师、会计机构负责人、会计主管人员签名或者盖章。单位领导人对财务报告的合法性、真实性负法律责任。

(7) 根据法律和国家有关规定应当对财务报告进行审计的，财务报告编制单位应当先行委托注册会计师进行审计，并将注册会计师出具的审计报告随同财务报告按照规定的期限报送有关部门。

(8) 如果发现对外报送的财务报告有错误，应当及时办理更正手续。除更正本单位留存的财务报告外，应同时通知接受财务报告的单位更正。错误较多的，应当重新编报会计报表。

（二）资产负债表的编制方法

资产负债表是反映企业在某一特定日期财务状况的报表，根据“资产＝负债＋所有者权益”这一会计平衡等式按账户式结构列示。每期末应根据结算出的各资产、负债和所有者权益账户的期末余额编制。

资产负债表中“年初余额”栏内各数据，可根据上年末资产负债表“期末余额”栏内所示数字填列。资产负债表中“期末余额”栏内各项数据的填列方法归纳如下。

1. 直接填列

直接填列是根据总账科目期末余额直接填列项目。

资产负债表中大多数项目，根据相应的总账账户的期末余额直接填列，具体项目包括交易性金融资产、应收票据、其他应收款、应收股利、短期借款、应付票据、其他应付款、应付职工薪酬、应交税费、应付股利、实收资本和盈余公积等。

2. 合计填列

合计填列是需要根据几个账户的期末余额加总后再填列项目。

资产负债表中有些项目，不是对应于一个会计账户，而是对应于几个会计账户，这些项目需要对对应的几个会计账户的期末余额进行加总，再填列表中。具体内容包括以下两方面。

(1) “货币资金”项目，应根据库存现金、银行存款和其他货币资金三个总账科目期末余额合计数填列，即“‘货币资金’项目金额＝库存现金＋银行存款＋其他货币资金”。

(2) “存货”项目，应根据材料采购、原材料、生产成本、库存商品等总账科目期末余额合计数填列，即“‘存货’项目金额＝材料采购＋原材料＋生产成本＋库存商品(等)”。

3. 差额填列

差额填列需要根据有关账户的期末余额减去其备抵数后的差额填列，具体项目包括以下几项。

(1) “固定资产”项目，应根据“固定资产”账户的期末借方余额减去“累计折旧”账户的期末贷方余额后的余额填列，即"'固定资产'项目金额＝固定资产－累计折旧"。

（2）"未分配利润"项目，1—11 月中期报表应根据本年利润和利润分配总账科目期末余额填列，即"中期'未分配利润'项目金额＝本年利润贷方余额－利润分配借方余额"或"中期'未分配利润'项目金额＝本年利润借方余额＋利润分配借方余额"。年末，编制年度资产负债表时，则根据"利润分配－未分配利润"明细科目余额直接填列，即"年末'未分配利润'项目金额＝'利润分配－未分配利润'"的余额。如果企业年度发生亏损，则"未分配利润"项目应以"－"号列示。

（3）"应收账款"项目，应根据应收账款账户的借方期末余额减去坏账准备账户的贷方期末余额后的差额填列，即"'应收账款'项目金额＝应收账款借方余额－坏账准备贷方余额"。

4. 分析填列

有些报表项目应根据有关总分类账户及其所属的明细分类账户的资料分析计算填列。这些报表项目包括以下几项。

（1）"应收账款"明细账的借方余额在"应收账款"项目反映，贷方余额合并到"预收账款"项目内填列，即"'应收账款'项目金额＝'应收账款'明细账的借方余额合计＋'预收账款'明细账借方余额合计"。

（2）"预付账款"明细账借方余额在"预付账款"项目反映，贷方余额合并到"应付账款"项目内填列，即"'预付账款'项目金额＝'预付账款'明细账借方余额合计＋'应付账款'明细账借方余额合计"。

（3）"预收账款"明细账贷方余额在"预收账款"项目反映，借方余额合并到"应收账款"项目内填列，即"'预收账款'项目金额＝'预收账款'明细账贷方余额合计＋'应收账款'明细账贷方余额合计"。

（4）"应付账款"明细账贷方余额在"应付账款"项目反映，借方余额合并到"预付账款"项目内填列，即"'应付账款'项目金额＝'应付账款'明细账贷方余额合计＋'预付账款'明细账贷方余额合计"。

（三）利润表的编制

利润表是反映企业在一定会计期间经营成果的报表。以"收入－费用＝利润"为依据，采用上下加减的多步报告式结构，利润总额的计算步骤如下：

第一步，计算营业利润，即"营业利润＝营业收入－营业成本－税金及附加－销售费用－管理费用－财务费用－资产减值损失＋投资净收益"。

第二步，计算利润总额，即"利润总额＝营业利润＋营业外收入－营业外支出"。

第三步，计算净利润，即"净利润＝利润总额－所得税费用"。

一般来说，利润表中"本期余额"栏各项目数字，应根据有关科目本期发生额分析填列；"上期余额"栏各项目数字，应根据上年该期利润表的"本期金额"栏内所列数字填列。具体填列方法可分为以下几种情况。

（1）"销售费用""税金及附加""管理费用""财务费用""投资净收益""营业外收入""营业外支出""所得税费用"等项目，分别根据各科目发生额分析填列。

（2）“营业收入”项目，根据“主营业务收入”和“其他业务收入”科目发生额分析计算填列；“营业成本”项目，根据“主营业务成本”和“其他业务成本”科目发生额分析计算填列。

（3）“营业利润”“利润总额”“净利润”等项目应根据分步计算公式计算填列。

（四）利润分配表的编制

利润分配表采用上下报告式结构，即按净利润分配顺序及内容，从上至下，依次列示净利润、可供分配的利润、可供投资者分配利润以及未分配利润。利润分配表以利润表最后一个数字“净利润”开始，以“未分配利润”终止。而该“未分配利润”数额应与资产负债表所有者权益项目中的未分配利润数额相一致，反映报表与报表之间的钩稽关系，把利润表与资产负债表联系起来。

三、实验设计

（一）认真收集、整理和审核有关资料

对相关资料要进行认真的收集、整理工作。

（二）资产负债表编制要求

（1）直接根据总分类账户余额填列。大多数报表项目都可以根据总账余额直接填列。如“其他应收款”“应付职工薪酬”“应交税费”“应付利润”“实收资本”等项目。

（2）根据若干个总分类账户余额分析计算填列。如“存货”“货币资金”等项目。

（3）根据若干个明细分类账户余额分析计算填列。报表中有些项目需要根据若干明细分类账户的余额分析计算填列。如“应收账款”“预收账款”“预付账款”“应付账款”“待摊费用”“预提费用”等项目。

（4）资产负债表各项目均需填列“年初余额”和“期末余额”两栏。根据上年资产负债表的“期末余额”填写表中的“年初余额”，报表左方的资产总计与报表右方的负债及所有者权益总计应平衡相等。

（三）利润表编制要求

1. 根据账户发生额分析填列

除“营业收入”项目和“营业成本”项目应根据“主营业务收入”“其他业务收入”“主营业务成本”“其他业务成本”科目发生额分析填列外，“税金及附加”“销售费用”“管理费用”“财务费用”“投资净收益”“营业外收入”“营业外支出”“所得税费用”，应根据相关科目发生额直接填列。

2. 根据报表项目间的关系计算填列

相关计算公式为

营业利润＝营业收入－营业成本－税金及附加－销售费用－管理费用－财务费用－资产减值损失＋投资收益＋公允价值变动收益

利润总额＝营业利润＋营业外收入－营业外支出

净利润＝利润总额－所得税费用

四、实验设计用品

空白资产负债表和空白利润表。

五、实验设计步骤和程序

(1) 收集、整理和审核有关材料。

(2) 按规定方法编制资产负债表工作底稿。

(3) 对填写的资产负债表工作底稿进行计算，并在检查无误后，编制正式的资产负债表。

(4) 按利润表中项目填写规定逐项填写。

(5) 对编制的资产负债表和利润表进行认真的检查、核对，做到内容完整、计算正确。

六、实验设计时间

实验设计时间为 2 学时。

七、实验设计资料

北京市西飞机械制造有限责任公司 202×年 12 月初账户的发生额及余额。(见前面实验设计资料及附录原始凭证)

要求：

(1) 编制北京市西飞机械制造有限责任公司 202×年 12 月的资产负债表和利润表。

(2) 实验设计前指导老师应向学生再次强调资产负债表和利润表的编制方法。

(3) 本实验设计需资产负债表和利润表各 1 张。

第三部分
基础会计综合模拟实验设计

实验设计十　模拟建账

一、实验设计目标

建账就是根据《中华人民共和国会计法》(以下简称《会计法》)和国家统一会计制度的规定以及企业具体行业要求,结合本单位会计业务的需要,设置账簿种类、格式、内容及登记方法。本实验设计目标是学生要掌握企业建立新账的时间、方法和步骤,熟悉建账的原则和要求。

二、实验设计指南(特别提示)

在实际财务工作中,账簿的种类有以下两种划分方法:一是按用途,主要可分为日记账、总分类账和明细分类账;二是按账簿的外表形式,可分为订本账、活页账和卡片账。本实验设计设置现金日记账和银行存款日记账、总分类账、明细分类账。

(一)日记账的建账方法

日记账又称序时账,是按经济业务发生的时间先后顺序逐日逐笔进行登记的账簿。根据财政部《会计基础工作规范》的规定,各单位应设置现金日记账和银行存款日记账,以便逐日核算和监督库存现金和银行存款的收入、支出和结存情况,从而加强对货币资金的管理。

1. 现金日记账和银行存款日记账的建账原则

(1) 账页的格式一般采用三栏式。

(2) 账簿的外表形式必须采用订本式。财政部《会计基础工作规范》第五十七条规定,现金日记账和银行存款日记账必须采用订本式账簿。不得用银行对账单或者其他方法代替日记账。

2. 建日记账的具体方法

在会计实际工作中，需建现金日记账与银行存款日记账各一本。本实验设计因核算业务少，将现金日记账与银行存款日记账同设在一本账内。由于只有现金、银行两个账户，不必粘贴口取纸，只需在账页顶端横线上写上账户名称即可。

(1) 账户名称应填于日记账中的开户账页上端，填写建账时间，即建账的具体年、月、日。

(2) 在"摘要"栏内填写"上年结转"字样。

(3) 将上年余额按相同方向填入有关账户第一行的"余额"栏内。

(4) 注明是"借方"或"贷方"余额。

(二) 总分类账的建账方法

总分类账是根据总分类账户(亦称总分类科目、一级科目)分类登记全部经济业务的账簿，能够全面、总括地反映经济活动情况，并为编制会计报表提供资料。它是提供资产、负债、所有者权益、收入、费用和利润等总括的核算资料的分类账簿。

1. 总分类账的建账原则

(1) 总分类科目名称应与国家统一会计制度规定的会计科目名称一致。

(2) 依据企业账务处理程序的需要选择总分类账格式。根据财政部《会计基础工作规范》的规定，总分类账的格式主要有三栏式、多栏式(日记总分类账)、棋盘式和科目汇总表总分类账等。(本实验设计采用三栏式)

(3) 总分类账的外表形式一般应采用订本式账簿。

2. 建总分类账的具体方法

(1) 将写有账户名称的口取纸粘贴在账页上。在实际工作中，一个口取纸只写一个账户名称，实验设计课采取在口取纸左右面各写一个账户名称的方法，从账簿的第一页下端起粘贴第一个账户，然后依次等距离粘贴写有账户名称的口取纸，并使账户名称露在账本外。

(2) 按账户名称顺序登记本年度各期初余额。

(3) 注明建账的年、月、日。

(4) 在"摘要"栏内填写"上年结转"字样。

(5) 将上年期初余额按相同方向填入"余额"栏内。

(6) 注明是"借方"或"贷方"余额。

(三) 明细分类账的建账方法

明细分类账通常根据总分类科目所属的明细分类科目开设账户，用来分类登记某一类经济业务，进行明细分类核算，提供有关的明细核算资料的分类账簿。

1. 明细分类账的建账原则

(1) 明细科目名称应根据统一会计制度的规定和企业管理的需要设置。

（2）根据财产物资管理的需要选择明细分类账的格式。明细分类账的格式主要有数量金额式账页、三栏式账页和多栏式账页，企业应根据需要选择明细分类账的格式。

（3）明细分类账的外表形式一般采用活页式。

在会计实际工作中，各个企业一般设置几本到几十本明细分类账。本实验设计只设置一本明细分类账，将所有明细分类账户设置在本明细分类账中。

2. 数量金额式明细分类账的具体建账方法

“数量金额式”账页既有实物指标，如“千克”“吨”“台”“辆”等，又有货币指标“元”等。在借、贷、余三栏的每栏下，又分别设置“数量”和“单价”“金额”二栏。这种格式适用于既要进行金额核算，又要进行实物数量核算的各种财产物资账户，如“原材料”“库存商品”等账户的明细分类核算。

数量金额式明细分类账具体建账的方法如下：

（1）将写有总分类账户“原材料”“库存商品”的口取纸粘贴在有关账页中。

（2）将各明细分类账户填写在账页上端的横线上，样式如“——圆钢材料”。

（3）单位填货物计量单位，如“吨”“台”等。

（4）注明各明细分类账户的建账年、月、日。

（5）“摘要”栏内填写“上年结转”等字样。

（6）将上年期末余额填入标有“数量”“单价”“金额”的余额栏内，其中“单价”一栏要用小数点分节号标明其金额位数。

“数量金额式账页”的格式如表3-1所示。

表 3-1

数量金额式明细分类账户

原材料明细账

类别：（略）　　　　　　　　　　　　　　　　编号：K7621

计量单位：吨　　　　　名称及规格：　　　　　最高储备量：（略）

存放地点：2号库　　　储备定额：（略）　　　最高储备量：（略）

202×年		凭证		摘　要	收入			发出			结存		
月	日	种类	编号		数量	单价	金额	数量	单价	金额	数量	单价	金额
1	1			上年结转							100	150	15 000

3. 三栏式明细分类账的具体建账方法

三栏式明细分类账的账页，只设有借方、贷方和余额三个金额栏，不设数量栏。它适用于只需要反映金额的经济业务，如“应收账款”“应付账款”等不需要进行数量核算的债权、债务结算账户。三栏式明细分类账的具体建账方法如下。

（1）将总分类账户的口取纸从明细分类账下端开始粘贴。

（2）将各明细分类账户填写于账页顶端横线上，账户名称前加“——”短线表明明细分类账户。

（3）注明各明细分类账户建账的年、月、日。

（4）“摘要”栏填写“上年结转”等字样，但“应收”及“应付”等账户在“摘要”栏需详细注明单位名称及姓名。

（5）将期初余额填入“余额”栏内。

（6）注明是“借方”或“贷方”余额。

“三栏式账页”的格式如表 3-2 所示。

表　3-2

三栏式明细分类账户

应付账款明细分类账户

科目：——××公司　　　　本账页　次

月	日	种类	编号	摘要	借方									贷方									借或贷	余额								
					百	十	万	千	百	十	元	角	分	百	十	万	千	百	十	元	角	分		百	十	万	千	百	十	元	角	分
1	1																															

4. 多栏式明细分类账的具体建账方法

多栏式明细分类账，是根据经济业务的特点和经营管理的需要，在一张账页内按有关明细科目或明细项目分设若干专栏，用以在同一张账页上集中反映各有关明细科目或明细项目核算资料。按明细分类账登记经济业务的不同，多栏式明细分类账的账页又分为借方多栏、贷方多栏和借贷方均多栏三种格式。

多栏式账页的格式较复杂，每一张账页的正反两面格式不同。打开账本后一张完整的多栏式账页分别由一张多栏式账页的正面与另外一张的反面组成。借方多栏式账页的格式一般由“借方”的多栏式与余额组成，不设“贷方”栏目，若发生“贷方”事项，用红字登入“借方”即可。

（1）只粘贴总分类账科目口取纸，明细科目写在账页顶端。

（2）注明建账年、月、日。

（3）“摘要”栏填“上年结转”等字样。

（4）将“借方”事项的明细科目及金额依次填入有关空格内。

(5) 将"借方"事项的合计金额填入"金额"栏内。

(6) 注明余额是"借方"或"贷方"。

"多栏式账页"格式如表 3-3 所示。

表 3-3

多栏式明细分类账

管理费用明细分类账

年		凭证		摘要	借方								贷方	余额
月	日	种类	编号		职工薪酬	办公费	折旧费	差旅费	招待费	保险费	其他	合计		

(四) 建账的核对

建账后,应按建账程序,对建账是否正确进行核对。主要核对的内容包括以下几方面。

(1) 总分类账中资产账户余额之和应等于负债加所有者权益账户余额之和。

(2) 总分类账中各账户的余额应等于明细分类账中其所属明细分类账户余额之和。

(3) 总分类账中资产账户余额之和应等于日记账各账户余额之和加明细分类账中资产明细分类账户余额之和。

(4) 总分类账中负债加所有者权益账户之和应等于明细分类账中各负债加所有者权益账户余额之和。

三、实验设计

(一) 建账操作方法

现行的会计工作中,建账的具体做法主要有如下两种。

(1) 根据旧账各账户的余额直接抄录记入新账有关账户,建立新账。

(2) 年度末结账后,先编制"总分类账户余额表"及各"明细分类账户余额表",再根据余额表建立新账,并将余额表装订在新年度第一册汇总凭证的前面。

上述两种建账方法,第一种直接根据旧账抄入新账,虽简单易行,但容易发生错误。另外,若以后核对,还需要翻阅旧账,尤其是一些往来账项,核对翻阅更为麻烦。第二种虽需编制余额表,有一定的工作量,但以后查阅、记账均方便,也不易发生错误,同时也符合登记账簿应根据会计凭证的原则。

（二）建账必须遵守的要求

（1）启用新账时，应在账簿扉页中填写有关内容，如企业名称、启用日期和会计姓名等。

（2）建账应按账簿页码顺序登记，不得隔页、跳行。书写用蓝黑或黑色墨水，红墨水只能在结账画线、改错和冲账时使用。在会计工作中，红色数字表示减少数。

（3）账簿中每行书写的文字和数字一般只占书写行距的1/2或1/3，空白处为更正错账留有余地，保证账簿清晰整洁。

（4）登账数字用阿拉伯数字书写，不能连笔，不草写。若数字到“元”为止，角、分栏内应写“0”，不能空格。

（5）记账发生差错，采用划线(红线)更正法，不能刮、擦、涂、改。更正时，将写错的文字或数字画单红线注销，线要画直，在线尾处盖记账人印章。做上述处理后，应保持原有字迹仍清晰可辨。然后在画线上方空白处填写正确的数字或文字，应用蓝黑笔或黑笔填写。对错误的数字应全部画线更正，不能只更正其中写错的数字，而对文字差错只需划去错误部分。若整行文字和数字发生差错，在此行通栏划红线注销。

四、实验设计用品

本实验设计设置现金日记账、银行存款日记账各一本、总分类账一本、明细分类账一本、口取纸等。

五、实验设计步骤和程序

（1）填写日记账、总分类账扉页上的有关内容。如公司名称、账簿名称、启用日期、页数、单位主管、单位公章、会计人员签字，以及调换记账人员时的调换时间、交移后接管人员签章等。

（2）将各账户的标志口取纸粘贴在有关账簿账页中。

（3）根据上年“余额表”登记日记账、明细分类账、总分类账中各账户的期初余额。

（4）登账后将各账户的有关余额核对相符。

六、实验设计时间

实验设计时间为2学时。

七、实验设计资料

根据北京市西飞机械制造有限责任公司202×年年末资料(见前面实验设计资料及附录资料)，建立202×年新账。

实验设计十一 记账凭证会计核算形式

一、实验设计目标

记账凭证核算形式的特点主要是直接根据记账凭证逐笔登记总分类账。本项模拟实验设计的主要目标是：通过实验设计，使实验设计者全面、系统地掌握记账凭证核算程序下的会计循环的步骤及各步骤的操作，即证、账、表的基本操作技能。

二、实验设计指南（特别提示）

（一）记账凭证核算形式的凭证账簿设置

在记账凭证核算形式下，记账凭证一般采用收款凭证、付款凭证和转账凭证三种，或通用记账凭证一种；账簿需设置现金日记账、银行存款日记账、总分类账和明细分类账，总分类账和现金日记账、银行存款日记账均采用三栏式，明细分类账则根据管理的需要选择，分别采用三栏式、数量金额式和多栏式。

（二）记账凭证核算形式的账务处理程序

（1）根据各种原始凭证和原始凭证汇总表填制收款凭证、付款凭证和转账凭证。

（2）根据收款凭证和付款凭证逐日逐笔登记现金日记账与银行存款日记账。

（3）根据原始凭证、原始凭证汇总表和记账凭证登记各种明细分类账。

（4）根据各种记账凭证逐笔登记总分类账。

（5）月末，现金日记账、银行存款日记账和明细分类账分别与总分类账相核对。

（6）根据总分类账和明细分类账的账簿记录编制会计报表。

记账凭证核算形式的账务处理程序如图 3-1 所示。

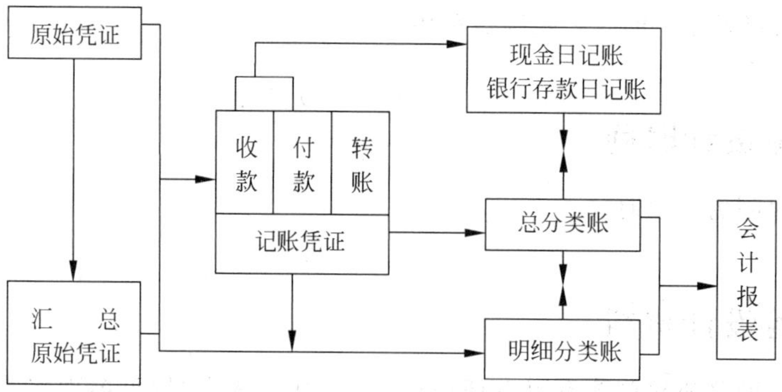

图 3-1 记账凭证核算形式的账务处理程序

三、实验设计

（1）明确记账凭证核算形式的特点及操作流程。

（2）根据资料，开设有关账户（现金日记账、银行存款日记账、明细分类账和总分类账），并登记期初余额。

（3）根据该企业202×年12月所发生的经济业务填制记账凭证。（采用通用记账凭证或专用记账凭证）

（4）根据有关凭证登记日记账、明细分类账及总分类账，并进行结账。

（5）掌握建账、制证、登账、对账、结账和编表的基本技能与方法。

四、实验设计用品

（1）记账凭证：收、付、转凭证。

（2）总分类账。

（3）明细分类账：三栏式、多栏式和数量金额式。

（4）日记账：现金日记账、银行存款日记账。

（5）会计报表：资产负债表、利润表（损益表）。

五、实验设计步骤和程序

采用记账凭证账务处理程序如下：

（1）根据经济业务审核和传递原始凭证。

（2）根据受理的原始凭证，填制记账凭证。

（3）传递记账凭证。

（4）审核所受理的记账凭证并登记日记账、明细分类账和总分类账。

（5）对账，包括账证核对、账账核对和账实核对。

（6）结账，主要是12月的月结；结账后，进行试算平衡，检查账户登记是否正确。

（7）编制资产负债表和利润表。

六、实验设计时间

实验设计时间为8学时。

七、实验设计资料

根据北京市西飞机械制造有限责任公司202×年12月发生的经济业务，填制有关自制的原始凭证，对外部取得的原始凭证按规定审核，并按记账凭证会计核算程序进行账务处理。

实验设计十二　科目汇总表会计核算形式

一、实验设计目标

科目汇总表核算形式(亦称记账凭证汇总表核算程序)的主要特点是：根据记账凭证定期编制科目汇总表(记账凭证汇总表),再根据科目汇总表定期登记总分类账。通过实验设计使学生理解科目汇总表核算组织程序的特点、账务处理程序,掌握科目汇总表的编制及总分类账户的登记方法,系统地掌握科目汇总表核算形式下的会计循环,即证、账、表的基本操作技能。

二、实验设计指南(特别提示)

(一)科目汇总表核算形式的凭证账簿设置

在科目汇总表核算形式下,记账凭证一般采用收款凭证、付款凭证和转账凭证三种,或通用记账凭证一种及科目汇总表：账簿需设置现金日记账、银行存款日记账、总分类账和明细分类账,总分类账和现金日记账、银行存款日记账均采用三栏式,明细分类账则根据管理的需要选择,分别采用三栏式、数量金额式和多栏式。

(二)科目汇总表的编制

科目汇总表是根据一定时期内的全部记账凭证按总账科目进行汇总,据以计算出每一总账科目本期借方发生额和贷方发生额,作为登记总分类账依据的凭证。科目汇总表的编制方法有两种：一种是全部汇总,即将一定时期内的全部收、付、转记账凭证汇总在一张科目汇总表上,据以登记总分类账；另一种是分类汇总,即将一定时期的收、付、转记账凭证分别汇总,编制成三张科目汇总表,据以登记总分类账。汇总的时间应根据业务量大小确定,一般可5天、10天、15天或一个月汇总一次。本实验设计采用10天全部汇总一次的方法进行。

(三)科目汇总表核算形式的账务处理程序

(1)根据各种原始凭证和汇总原始凭证填制收款凭证、付款凭证和转账凭证,或填制通用记账凭证。

(2)根据收款凭证和付款凭证逐日逐笔登记现金日记账和银行存款日记账。

(3)根据原始凭证、汇总原始凭证和记账凭证登记各种明细分类账。

(4)根据各种记账凭证汇总编制科目汇总表。

(5)根据科目汇总表登记总分类账。

(6)月末,现金日记账、银行存款日记账和明细分类账分别与总分类账相核对。

(7)月末,根据总分类账和明细分类账的账簿记录编制会计报表。

科目汇总表核算形式的账务处理程序如图3-2所示。

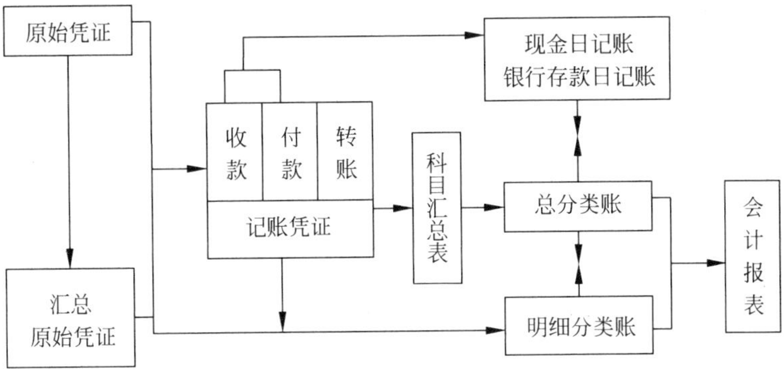

图 3-2　科目汇总表核算形式的账务处理程序

三、实验设计

(1) 明确科目汇总表核算程序的特点及操作流程。
(2) 设置总分类账户并登记期初余额。
(3) 根据记账凭证,采用全部汇总方法按旬编制 202×年 12 月科目汇总表。
(4) 根据编制的科目汇总表登记总分类账,并进行结账。
(5) 掌握建账、制证、登账、对账、结账和编表的基本技能与方法。

四、实验设计用品

(1) 记账凭证：收、付、转凭证或通用记账凭证；科目汇总表。
(2) 空白总账账页。
(3) 空白会计报表：资产负债表和利润表(损益表)。

五、实验设计步骤和程序

(1) 根据经济业务审核和传递原始凭证。
(2) 根据受理的原始凭证,填制记账凭证。
(3) 根据记账凭证定期(10 天)编制科目汇总表。
(4) 审核记账凭证并逐日逐笔登记日记账和明细分类账,根据科目汇总表登记总账。
(5) 对账,包括账证核对、账账核对和账实核对。
(6) 结账,以月结为主。
(7) 编表,要求编制资产负债表和利润表。

六、实验设计时间

实验设计时间为 4 学时。

七、实验设计资料

根据实验设计十北京市西飞机械制造有限责任公司202×年12月的业务资料，采用科目汇总表核算形式进行账务处理。记账凭证每10天汇总登记一次，编制科目汇总表，202×年12月1—10日、12月11—20日、12月21—31日的科目汇总表和本期发生额及余额试算平衡表格式如表3-4～表3-7所示。

表 3-4

科 目 汇 总 表

202×年12月1—10日　　　　编号：科汇　1-1

过　　账	借方发生额	会 计 科 目	贷方发生额	过　　账
		合　　计		

表 3-5

科目汇总表

202×年12月11—20日　　　　编号：科汇 1-2

过　账	借方发生额	会计科目	贷方发生额	过　账
		合　计		

表 3-6

科目汇总表

202×年 12 月 21—31 日　　　　编号：科汇　1-3

过　账	借方发生额	会计科目	贷方发生额	过　账
		合　计		

表 3-7

本期发生额及余额试算平衡表

（里面有些科目需要学生自己根据公司12月实际发生业务所用科目添加）

202×年12月31日　　　　单位：元

账户名称	期初余额		本期发生额		期末余额	
	借方	贷方	借方	贷方	借方	贷方
库存现金						
银行存款						
低值易耗品						
原材料						
应收账款						
固定资产						
应付账款						
应交税费——应交所得税						
实收资本						
营业收入						
营业成本						
税金及附加						
销售费用						
管理费用						
所得税费用						
本年利润						
合　计						

附录

实验设计资料原始凭证

1.

1-1

中国工商银行业务回单（收款）

日期：202×年 12 月 1 日

回单编号：21120000005

付款人户名：信达公司　　付款人开户行：工商银行劲松支行

付款人账号(卡号)：0210337982961255988

收款人户名：北京市西飞机械制造有限责任公司　　收款人开户行：中国工商银行北京市分行西坝河分理处

收款人账号(卡号)：0200538801093378911

金额：⊗壹拾捌万元整　　小写：180000.00 元

业务(产品)种类：代理业务　　凭证种类：000000000　　凭证号码：00000000000000000

摘要：　　用途：　　币种：人民币

交易机构：0020000033　　记账柜员：00002　　交易代码：70564　　渠道：批量业务

客户附言：

汇出行：　　汇出行名称：工商银行劲松支行

本回单为第 1 次打印,注意重复　　打印时间：202×年 12 月 1 日

此联是收款人开户银行给收款人的回单或收款通知

1-2

收　据

202×年 12 月 1 日　　　　No：0791776

今收到　信达公司					
人民币(大写)⊗壹拾捌万元整				￥180000.00	
事由：投资款项				现金：	
				支票：2631111178	
收款单位	北京市西飞机械制造有限责任公司	财务主管	王之	收款人	

第二联　记账

2.

北京增值税专用发票

发票联

No 002589

开票日期：202×年 12 月 7 日

购货单位	名　　称：北京市西飞机械制造有限责任公司 纳税人识别号：110106005566099000 地 址 、电 话：北京市开发区 228 号 62500188 开户行及账号：工商银行西坝河分理处 0200538801093378911	密码区	>2//9960+72<+8 * 3>+319>2>0 * * <8118+0308+ 99>6 * 2+9022>342+4 * 62<0 * −3/02468<48 * +9< 1293<85(* 2−338+954+89/7−8+<544−33

货物或应税劳务名称	规格型号	单位	数量	单价	金额	税率	税额
记录本		本	10	4.43	44.25	13%	5.75
档案袋		个	20	1.33	26.55	13%	3.45
签字笔		个	10	4.87	48.67	13%	6.33
订书机		台	2	22.12	44.25	13%	5.75
合　计					¥163.72		¥21.28
价税合计(大写)	⊗壹佰捌拾伍圆整				(小写)¥ 185.00		

销货单位	名　　称：北京文化用品商店 纳税人识别号：92110101MA7HN0JW30 地 址 、电 话：北京市海淀区万寿寺 20 号 63420000 开户行及账号：工商银行北辰路支行 0200041809020174067	备注	北京文化用品商店 发票专用章

收款人：刘莉　　复核：　　开票人：王开　　销货单位：(章)

第三联　发票联　购货方记账凭证

3.

贷款凭证(3)(收款通知)

202×年 12 月 1 日

<table>
<tr><td>贷款单位名称</td><td colspan="2">北京市西飞机械制造有限责任公司</td><td>种类</td><td>长期资金贷款</td><td colspan="4">贷款户账号</td><td colspan="6">0200538801093378911</td></tr>
<tr><td rowspan="2">金额</td><td colspan="4" rowspan="2">人民币(大写):⊗贰拾万元整</td><td>千</td><td>百</td><td>十</td><td>万</td><td>千</td><td>百</td><td>十</td><td>元</td><td>角</td><td>分</td></tr>
<tr><td></td><td>¥</td><td>2</td><td>0</td><td>0</td><td>0</td><td>0</td><td>0</td><td>0</td><td>0</td></tr>
<tr><td rowspan="2">用途</td><td rowspan="2">生产经营</td><td colspan="3">单位申请期限</td><td colspan="8">自 202×年 12 月 1 日起至 202×年 12 月 1 日止</td><td rowspan="2">利率</td><td rowspan="2">6%</td></tr>
<tr><td colspan="3">银行核定期限</td><td colspan="8">自 202×年 12 月 1 日起至 202×年 12 月 1 日止</td></tr>
<tr><td colspan="10">以上贷款已核算发放　　贷款。
并已转收你单位　　账号账户。
银行签章　　202×年 12 月 1 日</td><td colspan="5">单位会计分录
收入＿＿＿＿
付出＿＿＿＿
复核　　记账
主管　　会计</td></tr>
</table>

4.

4-1-1

1100042140

北京市增值税专用发票

发 票 联

No 01004389

开票日期：202×年 12 月 2 日

购货单位	
名称	北京市西飞机械制造有限责任公司
纳税人识别号	110060055660990000
地址、电话	北京市开发区 228 号 62500188
开户行及账号	工商银行西坝河分理处 0200538801093378911
加密区	>2//9960+72<+8 * 3>+319>2>0 * * <8118+0308+99>6 * 2+9022>342+4 * 62<0 * -3/02468<48 * +9<1293<85(* 2-338+954+89/7-8+<544-33

货物或应税劳务、服务名称	计量单位	数量	单价	金额								税率(%)	税额						
				十	万	千	百	十	元	角	分		万	千	百	十	元	角	分
A 材料	千克	400	65		2	6	0	0	0	0	0	13		3	3	8	0	0	0
合计				¥	2	6	0	0	0	0	0		¥	3	3	8	0	0	0

价税合计(大写) ⊗贰万玖仟叁佰捌拾零元零角零分 ¥：29 380.00

销货单位	
名称	北京梅泰公司
纳税人识别号	110103556544241000
地址、电话	北京市海淀区 108 号 62500100
开户行及账号	中国工商银行惠安办事处 0200811543665573888
备注	

收款人： 复核： 开票人：高辉 销货单位(章)：

第三联 发票联 购货方记账凭证

4-1-2（此联不做原始凭证，以下业务中不再出现此联）

北京市增值税专用发票

抵扣联

1100042140

No 01004389

开票日期：202×年 12 月 2 日

购货单位	
名称	北京市西飞机械制造有限责任公司
纳税人识别号	11006005566099000
地址、电话	北京市开发区 228 号 62500188
开户行及账号	工商银行西坝河分理处 0200538801093378911
加密区	>2//9960+72<+8*3>+319>2>0**<8118+2-13+99>01+8375 >342+4*62<0*-3/0-2468<48*+9<1293<85<*2-//8+954+ 89/7-8+103*3

货物或应税劳务、服务名称	计量单位	数量	单价	金额 十	万	千	百	十	元	角	分	税率（%）	税额 万	千	百	十	元	角	分
A 材料	千克	400	65		2	6	0	0	0	0	0	13		3	3	8	0	0	0
合计				¥	2	6	0	0	0	0	0		¥	3	3	8	0	0	0

价税合计（大写）⊗贰万玖仟叁佰捌拾零元零角零分　　¥：29 380.00

销货单位		备注
名称	北京梅泰公司	北京梅泰公司 发票专用章
纳税人识别号	110103556544241000	
地址、电话	北京市海淀区 108 号 62500100	
开户行及账号	中国工商银行惠安办事处 0200811543665573888	

收款人：　　复核：　　开票人：高辉　　销货单位（章）：

第二联 抵扣联 购货方扣税凭证

4-2

北京增值税专用发票

发票联

国家税务总局监制

No 3216324

开票日期：202×年 12 月 2 日

购货单位		密码区
名　　称：北京市西飞机械制造有限责任公司 纳税人识别号：110106005566099000 地 址 、电 话：北京市开发区 228 号 62500188 开户行及账号：工商银行西坝河分理处 0200538801093378911		893002+>＊647−652<+681＊7599/+837＊27442>95729 −51＊658792994+<73＊5802−86993//548−84＊7>884＊ 201+058/193+00

货物或应税劳务名称	规格型号	单位	数量	单价	金额	税率	税额
材料运输费(公路)					275.23	9%	24.77
合　计					￥275.23		￥24.77
价税合计(大写)	叁佰圆整				(小写)￥300.00		

销货单位		备注
名　　称：北京市货运第三公司 纳税人识别号：110106016089021000 地 址 、电 话：北京市朝阳区酒仙桥路 20 号 62189875 开户行及账号：工商银行酒仙桥支行营业部 0210612256935566288		北京市货运第三公司 发票专用章

收款人：　　　复核：　　　开票人：　　　销货单位：(章)

第三联　发票联　购货方记账凭证

4-3

中国工商银行业务回单（付款）

日期：202×年 12 月 2 日			
回单编号：21120000010			
付款人户名：北京市西飞机械制造有限责任公司		付款人开户行：中国工商银行北京市分行西坝河分理处	
付款人账号（卡号）：0200538801093378911			
收款人户名：北京梅泰公司		收款人开户行：中国工商银行惠安办事处	
收款人账号（卡号）：0200811543665573888			
金额：⊗贰万玖仟陆佰捌拾元整		小写：29680.00 元	
业务（产品）种类：代理业务	凭证种类：000000000	凭证号码：00000000000000000	
摘要：	用途：	币种：人民币	
交易机构：0020000066	记账柜员：00001	交易代码：70249	渠道：批量业务
代理业务种类名称：	合同号：	账期：	
费用明细：			

本回单为第 1 次打印，注意重复　　打印时间：202×年 12 月 2 日

此联是付款人开户银行给付款人的回单或付款通知

4-4

收　料　单

发票号码：No01004389

供应单位：北京梅泰公司　　　　收料单编号：11057

材料类别：原料及主要材料　　　　202×年 12 月 2 日　　　　收料仓库：材料库

编号	名称	规格	单位	数量		实际成本					计划成本	
				应收	实收	买价		运杂费	其他	合计	单位成本	金额
						单价	金额					
K150	A 材料		千克	400	400	65	26 000	300		26 300		
合计							26 000	300		26 300		

采购员：刘东　　检验员：张莉　　记账员：　　保管员：李梦

5.

5-1

商业承兑汇票（存根）3

No 1490242

签发日期（大写）贰零贰×年壹拾贰月 零贰日

第 4 号

<table>
<tr><td rowspan="3">收款人</td><td>全　称</td><td colspan="3">广东天成有限责任公司</td><td rowspan="3">付款人</td><td>全　称</td><td colspan="10">北京市西飞机械制造有限责任公司</td></tr>
<tr><td>账　号</td><td colspan="3">3602558802045623356</td><td>账　号</td><td colspan="10">0200538801093378911</td></tr>
<tr><td>开户银行</td><td>中国工商银行青年路办事处</td><td>行号</td><td>32111</td><td>开户银行</td><td colspan="4">中国工商银行北京市分行西坝河分理处</td><td colspan="3">行号</td><td colspan="3">3289</td></tr>
<tr><td colspan="2" rowspan="2">汇票金额</td><td colspan="5" rowspan="2">人民币（大写）⊗壹万贰仟肆佰叁拾元整</td><td>千</td><td>百</td><td>十</td><td>万</td><td>千</td><td>百</td><td>十</td><td>元</td><td>角</td><td>分</td></tr>
<tr><td></td><td></td><td>¥</td><td>1</td><td>2</td><td>4</td><td>3</td><td>0</td><td>0</td><td>0</td></tr>
<tr><td colspan="2">汇票到期日</td><td colspan="4">202×年3月2日</td><td colspan="3">交易合同号码</td><td colspan="8">00015</td></tr>
<tr><td colspan="6">备注</td><td colspan="11"></td></tr>
</table>

此联出票人存查

5-2

1100042140

广东增值税专用发票

发票联

No 01004389

开票日期：202×年 12 月 2 日

购货单位	名称：北京市西飞机械制造有限责任公司 纳税人识别号：110106005566099000 地址、电话：北京市开发区 228 号 62500188 开户行及账号：工商银行西坝河分理处 0200538801093378911			密码区	8510－801＜＋911047/＊71961－85＋107157＞1－85/893＊ －158/－0815＋＊619＞51078/＊50889158＋81－＞15＋//9		
货物或应税劳务、服务名称	规格型号	单位	数量	单价	金额	税率	税额
B 材料		千克	200	55.00	11000.00	13%	1430.00
合计					¥11000.00		¥1430.00
价税合计(大写)	⊗壹万贰仟肆佰叁拾圆整				(小写)¥ 12430.00		
销货单位	名称：广东天成有限责任公司 纳税人识别号：020103556522443000 地址、电话：广州市开发区 5 号 98579621 开户行及账号：中国工商银行青年路办事处 3602558802045623356			备注	广东天成有限责任公司 发票专用章		

收款人：　　复核：　　开票人：高刚　　销货方：(章)

第三联 发票联 购货方记账凭证

6.

收 料 单

发票号码：No02015248

供应单位：广东天成有限责任公司　　　　收料单编号：11058

材料类别：原料及主要材料　　202×年 12 月 4 日　　收料仓库：材料库

编号	名称	规格	单位	数量		实际成本					计划成本	
				应收	实收	买价		运杂费	其他	合计	单位成本	金额
						单价	金额					
M137	B材料		千克	200	200							
合计												

采购员：刘东　　检验员：张莉　　记账员：　　保管员：李梦

7.

北京证券开发路营业所

卖 202×年 12 月 4 日 成交过户交割凭单	
公司代码：12345 股东账号：12345678 资金账号：8868 股东姓名：北京市西飞机械制造有限责任公司	证券名称：0690 债券 成交数量：6000 成交价格：6180 成交金额：6180
申请编号：763 申请时间：13：25：36 成交时间：13：25：45 资金前余额：244500.00 资金余额：250640.10 证券前余额：6000.00 本次余额：0	标准金额：15.18 过户费用： 印花税：24.72 附加费用： 其他费用： 实际收付金额：6140.10
备注：债券买卖	

8.

8-1

北京市增值税专用发票

发 票 联

1100042140

No 01018476

开票日期：202×年12月4日

购货单位		加密区	
名 称：北京市西飞机械制造有限责任公司 纳税人识别号：11006005566099000 地 址 、电 话：北京市开发区 228 号 62500188 开户行及账号：工商银行西坝河分理处 0200538801093378911			5108－1＋0＞/08＋＊1851085＞115－8934＋1859682/＊70－＊/< 110750751＋－15772408508＞＊791570＋0180－＊＞

货物或应税劳务、服务名称	计量单位	数量	单价	金额								税率（%）	税额						
				十	万	千	百	十	元	角	分		万	千	百	十	元	角	分
工作服	套	20	150			3	0	0	0	0	0	13			3	9	0	0	0
合计					¥	3	0	0	0	0	0			¥	3	9	0	0	0
价税合计（大写）	⊗叁仟叁佰玖拾零元零角零分															¥：3 390.00			

销货单位		备注	
名称：北京市大群批发公司 纳税人识别号：110106005644345000 地址、电话：北京市海淀区北三环 709 号 64212121 开户行及账号：中国工商银行双安营业所 0200338922448806663			北京市大群批发公司 发票专用章

收款人： 复核： 开票人：陈浩 销货单位（章）：

第二联 发票联 购货方记账凭证

8-2

中国工商银行业务回单（付款）

日期：202×年 12 月 4 日

回单编号：21120000021

付款人户名：北京市西飞机械制造有限责任公司　　付款人开户行：中国工商银行北京市分行西坝河分理处

付款人账号（卡号）：0200538801093378911

收款人户名：北京市大群批发公司　　收款人开户行：中国工商银行北京市分行双安营业所

收款人账号（卡号）：0200338922448806663

金额：⊗叁仟叁佰玖拾元整　　小写：3390.00 元

业务（产品）种类：代理业务	凭证种类：000000000	凭证号码：00000000000000000
摘要：	用途：	币种：人民币
交易机构：0020000075	记账柜员：00001	交易代码：70728　　渠道：批量业务
代理业务种类名称：	合同号：	账期：

费用明细：

本回单为第 1 次打印，注意重复　　打印时间：202×年 12 月 4 日

此联是付款人开户银行给付款人的回单或付款通知

8-3

收　料　单

发票号码：No 01018476

供应单位：北京市大群批发公司　　　　　　　　　　　　　　　　收料单编号：11059

材料类别：低值易耗品　　　　202×年 12 月 4 日　　　　　　　收料仓库：材料库

编号	名称	规格	单位	数量		实际成本					计划成本	
				应收	实收	买价		运杂费	其他	合计	单位成本	金额
K350	工作服		套	20	20							
合计												

采购员：刘东　　　　检验员：张莉　　　　记账员：　　　　保管员：李梦

9.

9-1

北京市行政事业单位资金往来结算票据

No0000000000

000000000

票据代码：1104022×　　票据号码：11111114

电子票据代码：　　电子票据号码：

交款人统一社会信用代码：　　校验码：

交款人：北京市西飞机械制造有限责任公司　　开票日期：202×年 12 月 4 日

项目编码	项目名称	单位	数量	标准	金额(元)	备注
	希望工程捐款				10000.00	
金额合计(大写)⊗壹万圆整					(小写)￥10000.00	
其他信息						

第一联　收据

收款单位(章)：爱心基金会　　复核人：　　收款人：王淼

9-2

中国工商银行业务回单(付款)

日期：202×年 12 月 4 日			
回单编号：			
付款人户名：		付款人开户行：	
付款人账号(卡号)：			
收款人户名：		收款人开户行：	
收款人账号(卡号)：			
金额：		小写：	
业务(产品)种类：	凭证种类：	凭证号码：	
摘要：	用途：	币种：	
交易机构：	记账柜员：	交易代码：	渠道：
代理业务种类名称：	合同号：	账期：	
费用明细：			

本回单为第 1 次打印，注意重复　　打印时间：202×年 12 月 4 日

此联是付款人开户银行给付款人的回单或付款通知

10.

10-1

中国工商银行业务回单(收款)

日期：202×年 12 月 4 日			
回单编号：21120000046			
付款人户名：北京景顺有限公司		付款人开户行：中国工商银行北京市分行顺达分理处	
付款人账号(卡号)：0210889901093378848			
收款人户名：北京市西飞机械制造有限责任公司		收款人开户行：中国工商银行北京市分行西坝河分理处	
收款人账号(卡号)：0200538801093378911			
金额：⊗柒万玖仟壹佰元整		小写：79100.00 元	
业务(产品)种类：代理业务	凭证种类：000000000	凭证号码：00000000000000000	
摘要：	用途：	币种：人民币	
交易机构：0020000067	记账柜员：00004	交易代码：70069	渠道：批量业务
客户附言：			
汇出行：	汇出行名称：中国工商银行北京市分行顺达分理处		

本回单为第 1 次打印,注意重复　　打印时间：202×年 12 月 4 日

此联是收款人开户行交给收款人的货单或收款通知

10-2 转账支票（正面）（此联不作原始凭证）

中国工商银行**转账支票**　　（京）XIII261111178

出票日期（大写）贰零贰×年壹拾贰月零肆日　　付款行名称：中国工商银行北京市分行顺达分理处

收款人：北京市西飞机械制造有限责任公司　　出票人账号：0105567432

本支票付款期十天

人民币（大写）	⊗柒万玖仟壹佰元整	亿	千	百	十	万	千	百	十	元	角	分
					¥	7	9	1	0	0	0	0

用途：销货款　　科目（借）________

上列款项请从　　对方账户（贷）________

我账户内支付　　转账日期　年　月　日

出票人盖章　　复核　　记账

（使用清分机的，此区域供打印磁性字码）

10-3

北京增值税专用发票

记 账 联

（印章：全国统一发票监制章 国家税务总局监制 北京）

1100042140

No 01004389

开票日期：202×年12月4日

购货单位	名称：北京景顺有限公司 纳税人识别号：110106005567432000 地址、电话：北京市房山区335号 99966633 开户行及账号：工商银行顺达分理处 02108899010933778848			密码区	03917050＊33926732＋344525＜1－49＊76345＋97＞－ 009016＋＋6790481＜＊/57－6433＞－4571＋03202＜0＋11 ＜1685＋2＋58016＊691901153－348＜		
货物或应税劳务、服务名称	规格型号	单位	数量	单价	金额	税率	税额
甲产品		箱	20	3500.00	70000.00	13%	9100.00
合计					¥70000.00		¥9100.00
价税合计（大写）	⊗柒万玖仟壹佰圆整				（小写）¥79100.00		
销货单位	名称：北京市西飞机械制造有限责任公司 纳税人识别号：110106005566099000 地址、电话：北京市开发区228号 62500188 开户行及账号：工商银行西坝河分理处 0200538801093378911				备注		

第一联 记账联 销货方记账凭证

收款人： 复核： 开票人：马虹 销售方：（章）

11.

11-1

收　据

202×年 12 月 4 日　　　　No：0791777

今收到　北京宏发公司				
人民币(大写)⊗壹拾贰万元整			¥120000.00	
事由： 收到预付货款			现金： 支票 	
收款单位公章	财务主管		收款人	

第三联　收据

11-2

中国工商银行业务回单(收款)

日期：202×年 12 月 4 日			
回单编号：21120000087			
付款人户名：北京宏发公司		付款人开户行：中国工商银行九龙山分理处	
付款人账号(卡号)：0210043389534465585			
收款人户名：北京市西飞机械制造有限责任公司		收款人开户行：中国工商银行北京市分行西坝河分理处	
收款人账号(卡号)：0200538801093378911			
金额：⊗壹拾贰万元整		小写：120000.00 元	
业务(产品)种类：代理业务	凭证种类：000000000	凭证号码：000000000000000000	
摘要：	用途：	币种：人民币	
交易机构：0020000034	记账柜员：00001	交易代码：70014	渠道：批量业务
客户附言：			
汇出行：	汇出行名称：中国工商银行九龙山分行		

本回单为第 1 次打印,注意重复　　打印时间：202×年 12 月 4 日

此联是收款人开户行交给收款人的回单或收款通知

12.

12-1　现金支票（正联非原始凭证，存根联为原始凭证）

中国工商银行现金支票存根

XIII100001110

科目：______

对方科目：______

出票日期：　年　月　日

收款人：	
金　额：	
用　途：	

12-2

中国工商银行**现金支票**　　（京）XIII100001110

出票日期（大写）　年　月　日

收款人　　付款行名称

出票人账号：

本支票付款期十天

人民币（大写）		亿	千	百	十	万	千	百	十	元	角	分

用途：______

上列款项请从

我账户内支付

出票人盖章

科目（借）______

对方科目（贷）______

付讫日期　年　月　日

出纳　复核　记账

XIII 100001110

贴对号单处

12-3

借款单

资金性质　　　　202×年 12 月 4 日

借款单位：销售部门		
借款理由：出差借款		
借款数额：人民币(大写)⊗伍仟元整　¥5000.00		
本单位负责人意见：林宇	借款人：张勤	
会计主管核批： 王之	付款方式： 现金支票	出纳： 红英

13.

13-1

中国人民保险公司北京分公司保险专用发票

发　票　联

(2016)D2　　0004563

被保险人	北京市西飞机械制造有限责任公司	
保险单号		
承保险别	房屋、设备、汽车	
保险费	大写⊗贰万捌仟捌佰元整	
人民币	小写：¥28800.00	
交费形式		1. 现金 2. 转账支票 3. 银行划转 4. 其他
业务员	包羡	核保

保险公司(签章)　　制单 江华　　出纳　刘惠　　202×年 12 月 5 日

13-2

中国工商银行业务回单（付款）

日期：202×年 12 月 5 日

回单编号：21120000013

付款人户名：北京市西飞机械制造有限责任公司　　付款人开户行：中国工商银行北京市分行西坝河分理处

付款人账号（卡号）：0200538801093378911

收款人户名：北京人保公司　　收款人开户行：中国工商银行北京市分行西城支行

收款人账号（卡号）：0200117701095467822

金额：⊗贰万捌仟捌佰元整　　小写：28800.00 元

业务（产品）种类：代理业务　　凭证种类：000000000　　凭证号码：00000000000000000

摘要：　　用途：　　币种：人民币

交易机构：0020000046　　记账柜员：00005　　交易代码：70728　　渠道：批量业务

代理业务种类名称：　　合同号：　　账期：

费用明细：

本回单为第 1 次打印，注意重复　　打印时间：202×年 12 月 5 日

此联是付款人开户银行给付款人的回单或付款通知

14.

14-1

1100042140

北京市增值税专用发票
发 票 联

（印章：全国统一发票监制章 国家税务局监制）

No 01106124

开票日期：202×年 12 月 5 日

购货单位	
名　　称	北京市西飞机械制造有限责任公司
纳税人识别号	11006005566099000
地 址 、电 话	北京市开发区 228 号 62500188
开户行及账号	中国工商银行北京市分行西坝河分理处 0200538801093378911
加密区	192—<—2901+88928＊6372+8402+9193>＊7382/+ 9924＊2＊+82—89<2839/2839—88＊>839<030+ 83＊21/—38439049

货物或应税劳务、服务名称	计量单位	数量	单价	金额								税率（%）	税额						
				十	万	千	百	十	元	角	分		万	千	百	十	元	角	分
联想奔腾Ⅲ850微机	台	31	8500	2	6	3	5	0	0	0	0	13	3	4	2	5	5	0	0
合计				2	6	3	5	0	0	0	0		3	4	2	5	5	0	0

价税合计（大写）　⊗贰拾玖万柒仟柒佰伍拾伍元零角零分　　¥：297755.00

销货单位		备注	
名称	北京先锋有限公司		
纳税人识别号	110101184663221000		
地址、电话	北京市联想路 708 号 67676628		
开户行及账号	中国工商银行惠安办事处 0210110001046368475		

（印章：北京先锋有限公司 发票专用章）

第三联 发票联 购货方记账凭证

收款人：　　复核：　　开票人：王新　　销货单位（章）：

14-2

中国工商银行业务回单（付款）

日期：202×年 12 月 5 日

回单编号：21120000021

付款人户名：北京市西飞机械制造有限责任公司		付款人开户行：中国工商银行北京市分行西坝河分理处
付款人账号（卡号）：0200538801093378911		
收款人户名：北京先锋有限公司		收款人开户行：中国工商银行北京市分行惠安办事处
收款人账号（卡号）：0210110001046368475		
金额：⊗贰拾玖万柒仟柒佰伍拾伍元整		小写：297755.00 元
业务（产品）种类：代理业务	凭证种类：000000000	凭证号码：000000000000000000
摘要：	用途：	币种：人民币
交易机构：0020000019	记账柜员：00003	交易代码：70717　　渠道：批量业务
代理业务种类名称：	合同号：	账期：
费用明细：		

本回单为第 1 次打印，注意重复　　打印时间：202×年 12 月 5 日

此联是付款人开户银行给付款人的回单或付款通知

14-3

固定资产交接单

202×年 12 月 5 日

移交单位		接受单位	科研中心
固定资产名称	联想计算机	规　格	PⅢ850
技术特征		数　量	31 台
附属物			
建造企业	联想集团	出厂或建成年月	202×.11
安装单位	北京先锋有限公司	安装完工年月	202×.12.5
原值	￥297755.00	其中：安装费	
移交单位负责人		接受单位负责人	邢科

15.

领　料　单

仓库：材料仓库　　　　202×年 12 月 6 日　　　　领料单编号：L-05

<table>
<tr><td rowspan="2">编号</td><td rowspan="2">类别</td><td rowspan="2">材料名称</td><td rowspan="2">规格</td><td rowspan="2">单位</td><td colspan="2">数量</td><td colspan="2">实际价格</td></tr>
<tr><td>请领</td><td>实发</td><td>单价</td><td>金额</td></tr>
<tr><td>K350</td><td></td><td>工作服</td><td></td><td>套</td><td>39</td><td>39</td><td>145.00</td><td>5655.00</td></tr>
<tr><td></td><td></td><td></td><td></td><td></td><td></td><td></td><td></td><td></td></tr>
<tr><td colspan="5">合计</td><td></td><td></td><td></td><td>5655.00</td></tr>
<tr><td rowspan="3">用途</td><td colspan="4" rowspan="3">生产工人领用</td><td colspan="2">领料部门</td><td colspan="2">发料部门</td></tr>
<tr><td>负责人</td><td>领料人</td><td>核准人</td><td>发料人</td></tr>
<tr><td>董蒲</td><td>田力</td><td></td><td>李梦</td></tr>
</table>

16.

商业承兑汇票(存根)3

No 1490243

签发日期 贰零贰×年壹拾贰月零陆日
(大写)

第 5 号

<table>
<tr><td rowspan="3">付款人</td><td>全　称</td><td>北京市西飞机械制造有限责任公司</td><td rowspan="3">收款人</td><td colspan="3">全　称</td><td colspan="7">辽宁利民公司</td><td rowspan="5">此联出票人存查</td></tr>
<tr><td>账　号</td><td>0200538801093378911</td><td colspan="3">账　号</td><td colspan="7">1620334400788212000</td></tr>
<tr><td>开户银行</td><td>中国工商银行北京市分行西坝河分理处</td><td colspan="3">开户银行</td><td colspan="7">中国工商银行解放路办事处</td></tr>
<tr><td colspan="2" rowspan="2">汇票金额</td><td colspan="2" rowspan="2">人民币(大写)⊗贰万陆仟元整</td><td>千</td><td>百</td><td>十</td><td>万</td><td>千</td><td>百</td><td>十</td><td>元</td><td>角</td><td>分</td></tr>
<tr><td></td><td></td><td>¥</td><td>2</td><td>6</td><td>0</td><td>0</td><td>0</td><td>0</td><td>0</td></tr>
<tr><td colspan="2">汇票到期日</td><td colspan="2">贰零贰×年零贰月零陆日</td><td colspan="4">交易合同号码</td><td colspan="6">00016</td></tr>
<tr><td colspan="4">备注：</td><td colspan="10"></td></tr>
</table>

17.

17-1

北京增值税专用发票

发票联（国家税务总局监制）

1100042140

No 00006792

开票日期：202×年 12 月 6 日

购货单位	名称：北京市西飞机械制造有限责任公司 纳税人识别号：110106005566099000 地址、电话：北京市开发区 228 号 62500188 开户行及账号：工商银行西坝河分理处 0200538801093378911			密码区	3949＋582＊848959583/083＋－2690＜＊49050684＋27＊// 84903＋＊785960－839＞048＋9372＊7480＋893－＞0		
货物或应税劳务、服务名称	规格型号	单位	数量	单价	金额	税率	税额
A 材料		千克	205.48	73.00	15 000.00	13%	1950.00
合计					¥15000.00		¥1950.00
价税合计（大写）	⊗壹万陆仟玖佰伍拾圆整				（小写）¥16950.00		
销货单位	名称：北京宝盈有限公司 纳税人识别号：110104325188643000 地址、电话：北京市西城区 319 号 63173688 开户行及账号：中国工商银行河西办事处 0200887267593256380			备注	北京宝盈有限公司 发票专用章		

收款人：　　复核：　　开票人：李兵　　销售方：（章）

第三联　发票联　购货方记账凭证

17-2

收　料　单

发票号：No 00006792

供应单位：北京宝盈有限公司　　　　材料单编号：11060

材料类别：原料及主要材料　　202×年 12 月 6 日　　收料仓库：材料库

编号	名称	规格	单位	数量		实际成本					计划成本	
				应收	实收	买价		运杂费	其他	合计	单位成本	金额
						单价	金额					
K150	A 材料		千克									
合计												

采购员：刘东　　检验员：张莉　　记账员：　　保管员：李梦

18.

中国工商银行业务回单(付款)

日期：202×年12月9日			
回单编号：21120000007			
付款人户名：北京市西飞机械制造有限责任公司		付款人开户行：中国工商银行北京分行西坝河分理处	
付款人账号(卡号)：0200538801093378911			
收款人户名：山东世纪公司		收款人开户行：中国工商银行济南支行	
收款人账号(卡号)：1602446001067833718			
金额：⊗肆万陆仟捌佰元整		小写：46800.00元	
业务(产品)种类：代理业务	凭证种类：000000000	凭证号码：00000000000000000	
摘要：	用途：	币种：人民币	
交易机构：0020000025	记账柜员：00001	交易代码：70777	渠道：批量业务
代理业务种类名称：移动话费	合同号：	账期：	
费用明细：			

本回单为第1次打印，注意重复　　打印时间：202×年12月9日

此联是付款人开户行交给付款人的回单或付款通知

19.

19-1

中国工商银行业务回单（付款）

日期：202×年 12 月 6 日

回单编号：21120001188

付款人户名：北京市西飞机械制造有限责任公司　　付款人开户行：中国工商银行北京市分行西坝河分理处

付款人账号（卡号）：0200538801093378911

收款人户名：河北永和公司　　收款人开户行：河北省保定市工行华丰办事处

收款人账号（卡号）：0409621788905344211

金额：⊗捌仟元整　　小写：8000.00 元

业务（产品）种类：代理业务	凭证种类：000000000	凭证号码：00000000000000000	
摘要：	用途：	币种：	
交易机构：0020000154	记账柜员：00002	交易代码：70785	渠道：批量业务
代理业务种类名称：	合同号：	账期：	

费用明细：

本回单为第 1 次打印，注意重复　　打印时间：202×年 12 月 6 日

此联是付款人开户行交给付款人的回单或付款通知

19-2

中国工商银行收款凭证

202×年 12 月 6 日　　　　第 06 号

<table>
<tr><td>户名</td><td colspan="2">北京市西飞机械制造有限责任公司</td><td>开户银行</td><td colspan="7">中国工商银行北京市分行西坝河分理处</td></tr>
<tr><td>账号</td><td colspan="2">0200538801093378911</td><td>收费种类</td><td colspan="7">手续费</td></tr>
<tr><td rowspan="4">1. 客户购买凭证时在“收费种类”栏填写工本费，在“凭证种类”栏填写所购凭证名称。
2. 客户在办理结算业务时，在“收费种类”栏分别填写手续费或邮电费，在“结算种类”栏填写办理的结算方式。</td><td>凭证(结算)种类</td><td>单价</td><td>数量</td><td>万</td><td>千</td><td>百</td><td>十</td><td>元</td><td>角</td><td>分</td></tr>
<tr><td>电汇</td><td></td><td></td><td></td><td></td><td></td><td>5</td><td>0</td><td>0</td><td>0</td></tr>
<tr><td colspan="3">合计 人民币(大写)⊗伍拾元整</td><td></td><td></td><td>¥</td><td>5</td><td>0</td><td>0</td><td>0</td></tr>
<tr><td colspan="10"></td></tr>
</table>

第一联　回单

20.

20-1

中国工商银行业务回单(付款)

日期：202×年×月×日			
回单编号：			
付款人户名：			付款人开户行：
付款人账号(卡号)：			
收款人户名：			收款人开户行：
收款人账号(卡号)：			
金额：			小写：
业务(产品)种类：		凭证种类：	凭证号码：
摘要：		用途：	币种：
交易机构：	记账柜员：	交易代码：	渠道：
代理业务种类名称：		合同号：	账期：
费用明细：			

本回单为第 1 次打印,注意重复　　打印时间：202×年×月×日

此联是付款人开户银行给付款人的回单或付款通知

20-2

北京增值税专用发票

发票联

（印章：国家税务总局监制 北京）

No 0135622

开票日期：202×年 12 月 6 日

购货单位	名　　称：北京市西飞机械制造有限责任公司 纳税人识别号：110106005566099 地 址 、电 话：北京市开发区 228 号 62500188 开户行及账号：工商银行西坝河分理处 0200538801093378911			密码区	279431＋＞＊647－731＜＋681＊7599/＋837＊27442＞95729 －51＊658792994＋＜73＊5802－86993//548－84＊7＞884＊ 201＋058/193＋00		
货物或应税劳务名称	规格型号	单位	数量	单价	金额	税率	税额
广告制作					3018.87	6%	181.13
合计					￥3018.87		￥181.13
价税合计(大写)	⊗叁仟贰佰圆整				（小写）￥3200.00		
销货单位	名　　称：北京创美广告公司 纳税人识别号：91110109MA04G7KN2A 地 址 、电 话：北京市门头沟区石龙南路 10 号 69840000 开户行及账号：建设银行知春路支行 105110449071000001 1				备注	（印章：北京创美广告公司 发票专用章）	

收款人：　　复核：　　开票人：张颖　　销货单位：（章）

第三联 发票联 购货方记账凭证

21.

21-1

北京增值税专用发票

发票联

国家税务总局监制

1100042140

No 00254549

开票日期：202×年12月6日

<table>
<tr><td>购货单位</td><td colspan="4">名　　称：北京市西飞机械制造有限责任公司
纳税人识别号：110106005566099000
地 址 、电 话：北京市开发区228号 62500188
开户行及账号：工商银行西坝河分理处 0200538801093378911</td><td>密码区</td><td colspan="3">927446＊＋>/849363748＊12－9590003<39＊75＋－－/<8
＋＊53>205－84＋83>04＊27/73－＋07629104 ＋<94＊－
629 ＋7401</td></tr>
<tr><td colspan="2">货物或应税劳务、服务名称</td><td>规格型号</td><td>单位</td><td>数量</td><td>单价</td><td>金额</td><td>税率</td><td>税额</td></tr>
<tr><td colspan="2">产品展销费</td><td></td><td></td><td>1</td><td>2358.49</td><td>2358.49</td><td>6%</td><td>141.51</td></tr>
<tr><td colspan="2">合　计</td><td></td><td></td><td></td><td></td><td>￥2358.49</td><td></td><td>￥141.51</td></tr>
<tr><td colspan="2">价税合计(大写)</td><td colspan="7">⊗贰仟伍佰圆整　　　　（小写）￥2500.00</td></tr>
<tr><td>销货单位</td><td colspan="5">名　　称：北展中心
纳税人识别号：911101051023254729
地 址 、电 话：北京市朝阳区北苑路82号 53899668
开户行及账号：工商银行朝阳区支行 0210223703479287847</td><td>备注</td><td colspan="2">北展中心
发票专用章</td></tr>
</table>

第三联　发票联　购货方记账凭证

收款人：　　复核：　　开票人：孙慧　　销售方：（章）

21-2

中国工商银行业务回单(付款)

日期：202×年×月×日
回单编号：
付款人户名：　付款人开户行：
付款人账号(卡号)：
收款人户名：　收款人开户行：
收款人账号(卡号)：
金额：　小写：
业务(产品)种类：　凭证种类：　凭证号码：
摘要：　用途：　币种：
交易机构：　记账柜员：　交易代码：　渠道：
代理业务种类名称：　合同号：　账期：
费用明细：

本回单为第1次打印,注意重复　打印时间：202×年×月×日

此联是付款人开户银行给付款人的回单或付款通知

22.

22-1

北京增值税专用发票

记账联

1100042140

No 01005513

开票日期：202×年 12 月 6 日

购货单位	名　　称：山东光讯公司 纳税人识别号：330107002685099000 地 址 、电 话：山东济南市新华街 988 号 88877722 开户行及账号：工商银行新华分理处 1602339807592314771	密码区	849020＋84＊＞/8392－5492＊＞＜＋94－738＊//94837－ 738＊9585736＋＜7499382＊96－＋048839＋8647＋748＊049 －＜8

货物或应税劳务、服务名称	规格型号	单位	数量	单价	金额	税率	税额
乙产品		箱	30	2500.00	75000.00	13%	9750.00
合　计					¥75000.00		¥9750.00
价税合计(大写)	⊗捌万肆仟柒佰伍拾圆整				(小写)¥84750.00		

销货单位	名　　称：北京市西飞机械制造有限责任公司 纳税人识别号：110106005566099000 地 址 、电 话：北京市开发区 228 号 62500188 开户行及账号：工商银行西坝河分理处 0200538801093378911	备注	

收款人：　　复核：　　开票人：马虹　　销售方：(章)

第一联 记账联 销货方记账凭证

22-2

北京增值税专用发票

发票联（国家税务总局监制 北京）

1100042140

No 01005148

开票日期：202×年12月4日

购货单位	名　　称：北京市西飞机械制造有限责任公司 纳税人识别号：110106005566099000 地 址 、电 话：北京市开发区228号 62500188 开户行及账号：工商银行西坝河分理处 0200538801093378911			密码区	849020+84＊＞/8392－5492＊＞＜+94－738＊//94837－738＊9585736+＜7499382＊96－+048839+8647+748＊049－＜8		
货物或应税劳务、服务名称	规格型号	单　位	数　量	单　价	金　额	税　率	税　额
*运输服务*运输费			1	321.10	321.10	9%	28.90
合　计					¥321.10		¥28.90
价税合计（大写）	⊗叁佰伍拾圆整				（小写）¥350.00		
销货单位	名　　称：北京铁路货运公司 纳税人识别号：110106016085369000 地 址 、电 话：北京市昌平区56号 63351570 开户行及账号：工商银行北京昌平支行营业部 0200621214552204387				备注	北京铁路货运公司 发票专用章	

收款人：　　复核：　　开票人：林梅　　销售方：（章）

第三联 发票联 购货方记账凭证

22-3

中国工商银行业务回单（收款）

日期：202×年12月6日

回单编号：21120003596

付款人户名：山东光讯公司　　付款人开户行：中国工商银行新华分理处

付款人账号（卡号）：1602339807592314771

收款人户名：北京市西飞机械制造有限责任公司　　收款人开户行：中国工商银行北京市分行西坝河分理处

收款人账号（卡号）：0200538801093378911

金额：⊗捌万伍仟壹佰元整　　小写：85100.00元

业务（产品）种类：代理业务　　凭证种类：000000000　　凭证号码：00000000000000000

摘要：　　用途：　　币种：人民币

交易机构：0020000034　　记账柜员：00001　　交易代码：70014　　渠道：批量业务

客户附言：

汇出行：　　汇出行名称：中国工商银行新华分理处

本回单为第1次打印，注意重复　　打印时间：202×年12月6日

此联是收款人开户行交给收款人的回单或收款通知

22-4

中国工商银行收款凭证

202×年 12 月 6 日　　第 7 号

户名	北京市西飞机械制造有限责任公司			开户银行	中国工商银行北京市分行西坝河分理处						
账号	0200538801093378911			收费种类	手续费						
1. 客户购买凭证时在“收费种类”栏填写工本费，在“凭证种类”栏填写所购凭证名称。 2. 客户在办理结算业务时，在“收费种类”栏分别填写手续费或邮电费，在“结算种类”栏填写办理的结算方式。	凭证(结算)种类	单价		数量	万	千	百	十	元	角	分
	委托收款							5	0	0	0
	合计 人民币(大写)⊗伍拾元整						¥	5	0	0	0

第一联　回单

复核　　记账

23.

23-1

借　款　单

资金性质　　202×年 10 月 4 日

借款单位：采购部门		
借款理由：出差借款		
借款数额：人民币(大写)⊗壹仟贰佰元整　¥1200.00		
本单位负责人意见：林宇	借款人：刘东	
会计主管核批：王之	付款方式：现金支票	出纳：红英

23-2

收　据

202×年 12 月 6 日　　　　No：0382288

今收到　采购部门刘东				
人民币（大写）⊗贰佰伍拾元整			￥250.00	
事由：出差多余借款			现金：√	
			支票：	
收款单位		财务主管	收款人	红英

第二联　记账

23-3（8 张报销凭证包括火车票、住宿发票、市内交通发票等，在此省略）

差旅费报销单（代支出凭单）

附件：8 张　　　　202×年 12 月 6 日

出差人	刘东		共 1 人	职务		部门	采购部门	审批人 林宇
出差事由	采购会议			出差日期	自 202×年 11 月 20 日 至 202×年 11 月 24 日共 5 天			
到达地点	西安							
项目	交通工具				其他	旅馆费	伙食补助	
	火车	汽车	轮船	飞机		住宿 3 天	在途 4 天	住勤　天
金额	432.00				138.00	300	80.00	
总计人民币（大写）⊗玖佰伍拾元整　￥950.00								
原借款金额		报销金额		交结余或超支金额　￥250.00				
1 200.00		950.00		人民币（大写）贰佰伍拾元整				

会计主管　王之　　　　会计　　　　出纳员　红英

24.

北京增值税专用发票

记 账 联

1100042140

No 01005514

开票日期：202×年 12 月 6 日

购货单位	名　　称：上海祥和公司 纳税人识别号：210100185465329000 地 址 、电 话：上海市开发区 24 号 69987960 开户行及账号：工商银行浦东分理处 1001027783153370856				密码区	893002+>*647-652<+681*7599/+837*27442>95729 -51*658792994+<73*5802-86993//548-84*7>884* 201+058/193+00	
货物或应税劳务、服务名称	规格型号	单位	数量	单价	金额	税率	税额
甲产品		箱	3	3500.00	10500.00	13%	1365.00
合　计					¥10500.00		¥1365.00
价税合计（大写）	⊗壹万壹仟捌佰陆拾伍圆整				（小写）¥11865.00		
销货单位	名　　称：北京市西飞机械制造有限责任公司 纳税人识别号：110106005566099000 地 址 、电 话：北京市开发区 228 号 62500188 开户行及账号：工商银行西坝河分理处 0200538801093378911				备注		

第一联 记账联 销货方记账凭证

收款人：　　复核：　　开票人：马虹　　销售方：（章）

25.

25-1

中国工商银行业务回单(付款)

日期：202×年 12 月 8 日			
回单编号：21120001288			
付款人户名：北京市西飞机械制造有限责任公司		付款人开户行：中国工商银行北京市分行西坝河分理处	
付款人账号(卡号)：0200538801093378911			
收款人户名：河北信诚公司		收款人开户行：中国工商银行北新分理处	
收款人账号(卡号)：0402118003039847847			
金额：⊗捌万陆仟元整		小写：86000.00 元	
业务(产品)种类：代理业务	凭证种类：000000000	凭证号码：00000000000000000	
摘要：	用途：	币种：	
交易机构：0020000134	记账柜员：00002	交易代码：70658	渠道：批量业务
代理业务种类名称：	合同号：	账期：	
费用明细：			

本回单为第 1 次打印，注意重复　　打印时间：202×年 12 月 8 日

此联是付款人开户银行给付款人的回单或付款通知

25-2

河北增值税专用发票

发 票 联

（国家税务总局监制）

1100042140

No 01021268

开票日期：202×年 12 月 8 日

购货单位	名　　称：北京市西飞机械制造有限责任公司 纳税人识别号：110106005566099000 地 址 、电 话：北京市开发区 228 号 62500188 开户行及账号：工商银行西坝河分理处 0200538801093378911			密码区	01751－750725＋18＊/＜018820866＋6473＞＊616－7491＜ 0815－7＊77519759＋/580＊/150785＞70185＞－＋90＊/		
货物或应税劳务、服务名称	规格型号	单　位	数　量	单　价	金　额	税　率	税　额
LTUS 设备		台	1	75000.00	75000.00	13%	9750.00
合　计					￥75000.00		￥9750.00
价税合计（大写）	⊗捌万肆仟柒佰伍拾圆整				（小写）￥84750.00		
销货单位	名　　称：河北信诚公司 纳税人识别号：003161258762354600 地 址 、电 话：石家庄市北新街 5628745 开户行及账号：工商银行北新分理处 0402118003039847847				备注	河北信诚公司 发票专用章	

收款人：　　复核：　　开票人：刘湘　　销售方：（章）

第三联 发票联 购货方记账凭证

25-3

河北增值税专用发票

发票联

1100042140

No 01021276

开票日期：202×年 12 月 8 日

购货单位	名称：北京市西飞机械制造有限责任公司 纳税人识别号：110106005566099000 地址、电话：北京市开发区 228 号 62500188 开户行及账号：工商银行西坝河分理处 0200538801093378911			密码区	26732＋344525＜1－49＊76345＋97＞－009016＋＋6790487 ＊77519759＋/580＊/150785＞70185＞－＋90＊/		
货物或应税劳务、服务名称	规格型号	单位	数量	单价	金额	税率	税额
*运输服务*运输费			1	1146.79	1146.79	9%	103.21
合计					￥1146.79		￥103.21
价税合计（大写）	⊗壹仟贰佰伍拾圆整				（小写）￥1250.00		
销货单位	名称：石家庄货运总公司 纳税人识别号：91130100107743722P 地址、电话：石家庄市解放大街 9 号 5358899 开户行及账号：工商银行解放大街分理处 0402551098977256348				备注	石家庄货运总公司 发票专用章	

收款人： 复核： 开票人：王鼎 销售方：（章）

第三联 发票联 购货方记账凭证

26.

坏账损失确认通知

202×年12月8日

应收酒苗公司款项3510元已超过三年，向公司领导报批，经批准确定该款项已无法收回，予以注销。

总经理：林宇	会计主管：王之
202×年12月8日	202×年12月5日

27.

27-1

中国工商银行业务回单（付款）

日期：202×年12月10日			
回单编号：21120001288			
付款人户名：北京市西飞机械制造有限责任公司		付款人开户行：中国工商银行北京市分行西坝河分理处	
付款人账号（卡号）：0200538801093378911			
收款人户名：北京华富有限公司		收款人开户行：工商银行新民办事处	
收款人账号（卡号）：0200668801054368892			
金额：⊗壹仟贰佰陆拾元整		小写：1260.00元	
业务（产品）种类：代理业务	凭证种类：000000000	凭证号码：00000000000000000	
摘要：	用途：	币种：	
交易机构：0020000245	记账柜员：00002	交易代码：70223	渠道：批量业务
代理业务种类名称：	合同号：	账期：	
费用明细：			

本回单为第1次打印，注意重复　　打印时间：202×年12月10日

此联是付款人开户银行给付款人的回单或付款通知

27-2

北京增值税专用发票

1100042140　　　　发票联（国家税务总局监制）　　　　№ 00008946

开票日期：202×年 12 月 10 日

购货单位	名　　称：北京市西飞机械制造有限责任公司 纳税人识别号：110106005566099000 地址、电话：北京市开发区 228 号 62500188 开户行及账号：工商银行西坝河分理处 0200538801093378911			密码区	90125－＊20＞8471－84902/153－85＊78＜/＋8240082＊ 072959＋0186＞＋93＊－283＜845729－＞＋//0374＜73－＋		
货物或应税劳务、服务名称	规格型号	单位	数量	单价	金额	税率	税额
B材料		千克	375	48.00	18000.00	13%	2340.00
合计					¥18000.00		¥2340.00
价税合计（大写）	⊗贰万零仟叁佰肆拾圆整				（小写）¥20340.00		
销货单位	名　　称：北京华富有限公司 纳税人识别号：110104962253110000 地址、电话：北京市宣武路 102 号 98977755 开户行及账号：工商银行新民办事处 0200668801054368892			备注	（北京华富有限公司 发票专用章）		

第三联　发票联　购货方记账凭证

收款人：　　　　复核：　　　　开票人：刘红　　　　销售方：（章）

27-3

北京增值税专用发票

发票联

1100042140

No 01005149

开票日期：202×年 12 月 10 日

购货单位	名称：北京市西飞机械制造有限责任公司 纳税人识别号：110106005566099000 地址、电话：北京市开发区 228 号 62500188 开户行及账号：工商银行西坝河分理处 0200538801093378911			密码区	849020+84 * >/8392－5492 * ><+94－738 * //94837－ 738 * 9585736+<7499382 * 96－+048839+8647+748 * 049 －<8		
货物或应税劳务、服务名称	规格型号	单位	数量	单价	金额	税率	税额
*运输服务*运输费			1	183.49	183.49	9%	16.51
合计					￥183.49		￥16.51
价税合计(大写)	⊗贰佰圆整				（小写）￥200.00		
销货单位	名称：北京市货运第三公司 纳税人识别号：110106016089021000 地址、电话：北京市朝阳区酒仙桥路 20 号 62189875 开户行及账号：工商银行酒仙桥支行营业部 0210612256935566288			备注	北京市货运第三公司 发票专用章		

收款人： 复核： 开票人：张莉 销售方：（章）

第三联 发票联 购货方记账凭证

27-4

收 料 单

发票号码：No00008946

供应单位：北京华富有限公司　　　　　　　　材料单编号：11061

材料类别：原料及主要材料　　　　202×年 12 月 10 日　　　　收料仓库：材料库

编号	名称	规格	单位	数量		实际成本					计划成本	
				应收	实收	买价		运杂费	其他	合计	单位成本	金额
						单价	金额					
m137	B材料		千克	375	375							
合计												

采购员：刘东　　　　检验员：张莉　　　　记账员：　　　　保管员：李梦

28.

增值税及附加税费申报表(一般纳税人适用)

电子税务局受理

根据国家税收法律法规及增值税相关规定制定本表。纳税人不论有无销售额,均应按税务机关核定的纳税期限填写本表,并向当地税务机关申报。

税款所属期间:202×-11-01　至 202×-11-30　填表日期:202×-12-10　金额单位:元至角分

纳税人识别号:	110106005566099000			所属行业:			
纳税人名称(公章):	北京市西飞机械制造有限责任公司	法定代表人姓名:	李蒲	注册地址:	北京市开发区228号	生产经营地址:	北京市开发区228号
开户银行及账号:	中国工商银行股份有限公司北京西坝河分理处 0200538801093378911			登记注册类型:	社会团体	电话号码:	62500188

	项目	栏次	一般项目		即征即退项目	
			本月数	本年累计	本月数	本年累计
销售额	(一)按适用税率计税销售额	1	235000.00	—	0.00	0.00
	其中:应税货物销售额	2	0.00	0.00	0.00	0.00
	应税劳务销售额	3	0.00	0.00	0.00	0.00
	纳税检查调整的销售额	4	0.00	0.00	0.00	0.00
	(二)按简易办法计税销售额	5	0.00	0.00	0.00	0.00
	其中:纳税检查调整的销售额	6	0.00	0.00	0.00	0.00
	(三)免、抵、退办法出口销售额	7	0.00	0.00	—	—
	(四)免税销售额	8	0.00	0.00	—	—
	其中:免税货物销售额	9	0.00	0.00	—	—
	免税劳务销售额	10	0.00	0.00	—	—
税款计算	销项税额	11	235000.00	—	0.00	0.00
	进项税额	12	0.00	—	0.00	0.00
	上期留抵税额	13	0.00	0.00	0.00	—
	进项税额转出	14	0.00	0.00	0.00	0.00
	免、抵、退应退税额	15	0.00	0.00	—	—
	按适用税率计算的纳税检查应补缴税额	16	0.00	0.00	—	—
	应抵扣税额合计	17	0.00	—	0.00	—
	实际抵扣税额	18	0.00	0.00	0.00	0.00
	应纳税额	19	235000.00	—	0.00	0.00
	期末留抵税额	20	0.00	0.00	0.00	—
	简易计税办法计算的应纳税额	21	0.00	0.00	0.00	0.00
	按简易计税办法计算的纳税检查应补缴税额	22	0.00	0.00	—	—
	应纳税额减征额	23	0.00	0.00	0.00	0.00
	应纳税额合计	24	235000.00	—	0.00	0.00

续表

项目		栏次	一般项目		即征即退项目	
			本月数	本年累计	本月数	本年累计
缴纳税款	期初未缴税额(多缴为负数)	25	0.00	—	0.00	0.00
	实收出口开具专用缴款书退税额	26	0.00	0.00	—	—
	本期已缴税额	27	15100.00	—	0.00	0.00
	①分次预缴税额	28	0.00	—	0.00	—
	②出口开具专用缴款书预缴税额	29	0.00	—	—	—
	③本期缴纳上期应纳税额	30	0.00	—	0.00	0.00
	④本期缴纳欠缴税额	31	0.00	0.00	0.00	0.00
	期末未缴税额(多缴为负数)	32	0.00	—	0.00	0.00
	其中：欠缴税额(≥0)	33	0.00	—	0.00	—
	本期应补(退)税额	34	0.00	—	0.00	—
	即征即退实际退税额	35	—	—	0.00	0.00
	期初未缴查补税额	36	0.00	0.00	—	—
	本期入库查补税额	37	0.00	0.00	—	—
	期末未缴查补税额	38	0.00	0.00	—	—
附加税费	城市维护建设税本期应补(退)税额	39	0.00	—	—	—
	教育费附加本期应补(退)费额	40	0.00	—	—	—
	地方教育附加本期应补(退)费额	41	0.00	—	—	—
是否代理申报：	○是 ◉否	代理人名称：		代理人地址：		
代理人员身份证件类型：				代理人员身份证件号码：		
授权声明	如果你已委托代理人申报，请填写下列资料： 为代理一切税务事宜，现授权（地址） 为本纳税人的代理申报人，任何与本申报表有关的往来文件，都可寄予此人。 授权人签字：			申报人声明	本纳税申报表是根据国家税收法律法规及相关规定填报的，我确定它是真实的、可靠的、完整的。 声明人签字：	

主管税务机关：国家税务总局北京市海淀区税务局第七税务所　　接收人：　　接收日期：

29.

29-1

增值税及附加税费申报表（一般纳税人适用）附列资料（五）

（附加税费情况表）

税（费）款所属时间：202×年 11 月 1 日至 202×年 11 月 30 日

纳税人名称：（公章）北京市西飞机械制造有限责任公司　　　　金额单位：元（列至角分）

<table>
<tr><td colspan="6" rowspan="2">本期是否适用小微企业“六税两费”减免政策</td><td colspan="2" rowspan="2">□是 ☑否</td><td colspan="2">减免政策适用主体</td><td colspan="5">□个体工商户　□小型微利企业</td></tr>
<tr><td colspan="2">适用减免政策起止时间</td><td colspan="5">年　月至　年　月</td></tr>
<tr><td colspan="2" rowspan="3">税（费）种</td><td colspan="3">计税（费）依据</td><td rowspan="2">税（费）率（%）</td><td rowspan="2">本期应纳税（费）额</td><td colspan="2">本期减免税（费）额</td><td colspan="2">小微企业“六税两费”减免政策</td><td colspan="2">试点建设培育产教融合型企业</td><td rowspan="2">本期已缴税（费）额</td><td rowspan="2">本期应补（退）税（费）额</td></tr>
<tr><td>增值税税额</td><td>增值税免抵税额</td><td>留抵退税本期扣除额</td><td>减免性质代码</td><td>减免税（费）额</td><td>减征比例（%）</td><td>减征额</td><td>减免性质代码</td><td>本期抵免金额</td></tr>
<tr><td>1</td><td>2</td><td>3</td><td>4</td><td>5=(1+2−3)×4</td><td>6</td><td>7</td><td>8</td><td>9=(5−7)×8</td><td>10</td><td>11</td><td>12</td><td>13=5−7−9−11−12</td></tr>
<tr><td>城市维护建设税</td><td>1</td><td>24500.00</td><td>0.00</td><td>0.00</td><td>7%</td><td>1715.00</td><td>—</td><td>—</td><td>—</td><td>—</td><td>—</td><td>—</td><td>1715.00</td><td>0.00</td></tr>
<tr><td>教育费附加</td><td>2</td><td>24500.00</td><td>0.00</td><td>0.00</td><td>3%</td><td>735.00</td><td>—</td><td>—</td><td>—</td><td>—</td><td>—</td><td>—</td><td>735.00</td><td>0.00</td></tr>
<tr><td>地方教育附加</td><td>3</td><td>24500.00</td><td>0.00</td><td>0.00</td><td>2%</td><td>490.00</td><td>—</td><td>—</td><td>—</td><td>—</td><td>—</td><td>—</td><td>490.00</td><td>0.00</td></tr>
<tr><td>合计</td><td>4</td><td>—</td><td>—</td><td>—</td><td>—</td><td></td><td></td><td></td><td>—</td><td></td><td>—</td><td></td><td></td><td></td></tr>
<tr><td colspan="5" rowspan="3">本期是否适用试点建设培育产教融合型企业抵免政策</td><td rowspan="3">□是
☑否</td><td colspan="7">当期新增投资额</td><td>5</td><td>—</td></tr>
<tr><td colspan="7">上期留抵可抵免金额</td><td>6</td><td>—</td></tr>
<tr><td colspan="7">结转下期可抵免金额</td><td>7</td><td>—</td></tr>
<tr><td colspan="6" rowspan="3">可用于扣除的增值税留抵退税额使用情况</td><td colspan="7">当期新增可用于扣除的留抵退税额</td><td>8</td><td>—</td></tr>
<tr><td colspan="7">上期结存可用于扣除的留抵退税额</td><td>9</td><td>—</td></tr>
<tr><td colspan="7">结转下期可用于扣除的留抵退税额</td><td>10</td><td>—</td></tr>
</table>

29-2

个人所得税扣缴申报表

税款所属期：202×年 11 月 1 日至 202×年 11 月 30 日

扣缴义务人名称：北京市西飞机械制造有限责任公司

扣缴义务人纳税人识别号(统一社会信用代码)：110106005566099000

金额单位：人民币元(列至角分)

序号	姓名	身份证件类型	身份证件号码	纳税人识别号	是否为非居民个人	所得项目	本月(次)情况														累计情况									减按计税比例	准予扣除的捐赠额	税款计算							备注
							收入额计算			减除费用	专项扣除				其他扣除						累计收入额	累计减除费用	累计专项扣除	累计专项附加扣除					累计其他扣除										
							收入	费用	免税收入		基本养老保险费	基本医疗保险费	失业保险费	住房公积金	年金	商业健康保险	税延养老保险	财产原值	允许扣除的税费	其他				子女教育	赡养老人	住房贷款利息	住房租金	继续教育				应纳税所得额	税率/预扣率	速算扣除数	应纳税额	减免税额	已缴税额	应补/退税额	
1	2	3	4	5	6	7	8	9	10	11	12	13	14	15	16	17	18	19	20	21	22	23	24	25	26	27	28	29	30	31	32	33	34	35	36	37	38	39	40
	×																															40000	5%				0	2000	
																																40000	10%				500	3500	
																																15500	15%				500	1825	
会计合计																																						7325	

谨声明：本表是根据国家税收法律法规及相关规定填报的，是真实的、可靠的、完整的。

扣缴义务人(签章)：　　年　　月　　日

经办人签字： 经办人身份证件号码： 代理机构签章： 代理机构统一社会信用代码：	受理人： 受理税务机关(章)： 受理日期：　　年　　月　　日

国家税务总局监制

30.

30-1

收　　据

202×年 12 月 10 日　　　　No：0395851

今收到　北京市西飞机械制造有限责任公司					
人民币（大写）⊗壹万柒仟陆佰元整			¥17600.00		
事由： B材料定金			现金： 支票：√		
收款单位		财务主管		收款人	

第三联　收据

30-2

中国工商银行业务回单(付款)

日期：202×年12月10日

回单编号：21120001288

付款人户名：北京市西飞机械制造有限责任公司　　付款人开户行：中国工商银行北京市分行西坝河分理处

付款人账号(卡号)：0200538801093378911

收款人户名：北京华富有限公司　　收款人开户行：工商银行新民办事处

收款人账号(卡号)：0200668801054368892

金额：⊗壹万柒仟陆佰元整　　小写：17600.00元

业务(产品)种类：代理业务　　凭证种类：000000000　　凭证号码：00000000000000000

摘要：　　用途：　　币种：

交易机构：0020000421　　记账柜员：00001　　交易代码：70723　　渠道：批量业务

代理业务种类名称：　　合同号：　　账期：

费用明细：

本回单为第1次打印,注意重复　　打印时间：202×年12月10日

此联是付款人开户银行给付款人的回单或付款通知

31.

票据贴现凭证(收账通知)4

填写日期:202×年 12 月 12 日

<table>
<tr><td rowspan="3">申请人</td><td>名　称</td><td>北京市西飞机械制造有限责任公司</td><td rowspan="3">贴现汇票</td><td>种类及号码</td><td colspan="10">商业承兑汇票</td></tr>
<tr><td>账　号</td><td>02005388010933789 11</td><td>发票日</td><td colspan="10">202×年 11 月 12 日</td></tr>
<tr><td>开户银行</td><td>中国工商银行北京市分行西坝河分理处</td><td>到期日</td><td colspan="10">202×年 2 月 11 日</td></tr>
<tr><td colspan="2">汇票承兑人</td><td></td><td>账号</td><td></td><td colspan="3">开户银行</td><td colspan="7"></td></tr>
<tr><td colspan="2" rowspan="2">汇票金额
(及贴现金额)</td><td colspan="3" rowspan="2">人民币
(大写)⊗贰万元整</td><td>千</td><td>百</td><td>十</td><td>万</td><td>千</td><td>百</td><td>十</td><td>元</td><td>角</td><td>分</td></tr>
<tr><td></td><td></td><td>¥</td><td>2</td><td>0</td><td>0</td><td>0</td><td>0</td><td>0</td><td>0</td></tr>
<tr><td colspan="2">年贴现率</td><td>贴现利息</td><td colspan="2" rowspan="2">实付现金额</td><td>千</td><td>百</td><td>十</td><td>万</td><td>千</td><td>百</td><td>十</td><td>元</td><td>角</td><td>分</td></tr>
<tr><td colspan="2">6%</td><td>¥200.00</td><td></td><td></td><td>¥</td><td>1</td><td>9</td><td>8</td><td>0</td><td>0</td><td>0</td><td>0</td></tr>
<tr><td colspan="3">上述款项已入你单位账户。
此致
银行盖章
202×年 12 月 12 日</td><td colspan="12">备注</td></tr>
</table>

32.

32-1

北京市邮局报刊费收据

第　　号

单位：北京市西飞机械制造有限责任公司　　202×年 12 月 12 日

代号	报刊名称	份数	起止期	共计册数	单价	款项
2-355		2	202×.1-12		250	500.00
3-567		2	202×.1-12		200	400.00
4-782		2	202×.1-12		150	300.00
合计(大写)⊗壹仟贰佰元整　　¥1200.00						

32-2

中国工商银行业务回单(付款)

日期:202×年×月×日			
回单编号:			
付款人户名:			付款人开户行:
付款人账号(卡号):			
收款人户名:			收款人开户行:
收款人账号(卡号):			
金额:			小写:
业务(产品)种类:		凭证种类:	凭证号码:
摘要:		用途:	币种:
交易机构:	记账柜员:	交易代码:	渠道:
代理业务种类名称:		合同号:	账期:
费用明细:			

本回单为第 1 次打印,注意重复　　打印时间:202×年×月×日

付款人的回单或付款通知

此联是付款人开户银行给

33.

医药费报销单

部门：仓库　　202×年 12 月 12 日　　附件 1 张

姓　名	报销比例	单据张数	单据金额	实报金额	审批意见	备注
李渊	80%	1	300	240	刘眉	
			现金付讫			
合计		1	300	240		
实报人民币				240		

33（附件）

北京市门诊收费专用收据

姓名 李渊　　　　票据 B253-05-0　　　　No 623333

项　　目	金　　额	项　　目	金　　额
西　药	￥100.00	输氧费	
中成药		手术费	180.00
中草药		治疗费	
常规检查	￥20.00	放射费	
CT		化验费	
核磁		输血费	
B超			
合　计	￥300.00	No：928654	
人民币（大写）⊗叁佰元整			
收费员		日期	202×年12月10日

遗失不补

34.（为简化只列示其中一张凭证）

中国工商银行北京市分行代收业务专用发票

发　票　联

付款单位：北京市西飞机械制造有限责任公司　　202×年12月12日　　（202×）甲　2156843

用户号：MFU86523		电话号码：		二 付款方收执 无银签章无效
上次缴费余额：	0.00	市内小计：	3155.08	
国内长途小计：	626.57	国际长途小计：	0.00	
漫游小计：	200.35	月租费：	518.00	
频占费：		特服费：		
滞纳金：		IP话费：		
新业务费：				
		截止日期：202×/11/30		
金额	小写：¥4500.00 大写：⊗肆仟伍佰元整			

收款人：88095

35.

财产清查报告单

202×年 12 月 12 日　　009 号

类别	财产名称规格	单位	单价	数量		盘盈		盘亏		原因
				账存	实存	数量	金额	数量	金额	
	B材料	千克	50	1800	1760			40	2000	属于非正常损失
合计				1800	1760			40	2000	

财务：王之　　审批：沈成　　主管：严实　　保管员：李梦　　制单：王璐

36.

36-1

固定资产清理报废单

202×年 12 月 12 日签发　　编号：002

主管部门：生产部门				使用单位：生产加工车间					
名称及型号	单位	数量	原始价值	已提折旧	净值	预计使用年限	实际使用时间	支付清理费	收回变价收入
XD设备	台	1	18000	4340	13660	5	13个月	0	0
建造单位				报废原因：意外事故遭受毁损		处理意见		部门负责人	
								董蒲	
建造年份		202×年 11 月 20 日						公司负责人	
出厂号		No451-9						李蒲	

36-2

中国工商银行业务回单(收款)

日期：202×年 12 月 12 日

回单编号：21120001157

付款人户名：北京市西飞机械制造有限责任公司　　付款人开户行：中国工商银行北京市分行西坝河分理处

付款人账号(卡号)：0200538801093378911

收款人户名：中国人民保险公司北京分公司　　收款人开户行：中国工商银行河西分理处

收款人账号(卡号)：0200538801089423453

金额：⊗肆仟元整　　小写：4000.00 元

业务(产品)种类：代理业务　　凭证种类：000000000　　凭证号码：00000000000000000

摘要：　　用途：　　币种：人民币

交易机构：0020000257　　记账柜员：00003　　交易代码：70879　　渠道：批量业务

客户附言：

汇出行：　　汇出行名称：中国工商银行北京市分行西坝河分理处

本回单为第 1 次打印,注意重复　　打印时间：202×年 12 月 12 日

此联是收款人开户行交给收款人的回单或收款通知

36-3

中国人民保险公司北京分公司
出险损失计算书

赔案编号	200015896	被保险人	北京市西飞机械制造有限责任公司		
保险单号码	010056	通知单号			
批单号次		保品	设备、厂房		
保险金额	¥18000.00	承保条件			
保险期限	202×年1月1日至12月31日止	运输工具名称及吨位		号次	
出险日期	202×年12月5日10时25分	起讫地点	自　经　到		
出险地点	北京市西飞机械制造有限责任公司加工车间内				
赔款原因：根据中华人民共和国财产保险合同条例有关规定及事故单位010056号投保单，我公司调查后支付保险金4000元，其余由事故单位自行负责。					
共计（大写）：肆仟元整			证明文件 中国人民保险公司章 202×年12月		

核定：王中华　　审核：李云　　编制：李离

36-4

收　据

202×年 12 月 12 日　　　　No：0395852

今收到　中国人民保险公司北京分公司				
人民币(大写)⊗肆仟元整			¥4000.00	
事由： 保险赔款			现金： 支票：√	
收款单位		财务主管	收款人	红英

第二联　记账

37.

中国工商银行业务回单(收款)

日期：202×年12月11日			
回单编号：21120001951			
付款人户名：山东光讯公司		付款人开户行：中国工商银行新华分理处	
付款人账号(卡号)：1602339807592314771			
收款人户名：北京市西飞机械制造有限责任公司		收款人开户行：中国工商银行北京市分行西坝河分理处	
收款人账号(卡号)：0200538801093378911			
金额：⊗捌万柒仟柒佰伍拾元整		小写：87750.00元	
业务(产品)种类：代理业务	凭证种类：000000000	凭证号码：00000000000000000	
摘要：	用途：	币种：人民币	
交易机构：0020000657	记账柜员：00003	交易代码：70452	渠道：批量业务
客户附言：			
汇出行：	汇出行名称：中国工商银行新华分理处		

本回单为第1次打印,注意重复　　打印时间：202×年12月11日

此联是收款人开户行交给收款人的回单或收款通知

38.

长期借款利息计算表

202×年 12 月 15 日

借款账号	计息期间	借款金额	借款利率	借款利息	已提利息	合计
003＃	12.1-12.15	200000.00	6％	500.00	3000.00	3500.00

审核：王之　　　　制单：王璐

39.

39-1

中国工商银行业务回单(付款)

日期：202×年 12 月 15 日

回单编号：21120001288

付款人户名：北京市西飞机械制造有限责任公司　　付款人开户行：中国工商银行北京市分行西坝河分理处

付款人账号(卡号)：0200538801093378911

收款人户名：北京兴隆建筑公司　　收款人开户行：工商银行怀柔区支行

收款人账号(卡号)：0210129003022649968

金额：⊗壹万柒仟玖佰贰拾贰元整　　小写：17922.00 元

业务(产品)种类：代理业务　　凭证种类：000000000　　凭证号码：00000000000000000

摘要：　　用途：　　币种：

交易机构：0020000524　　记账柜员：00001　　交易代码：70356　　渠道：批量业务

代理业务种类名称：　　合同号：　　账期：

费用明细：

本回单为第 1 次打印,注意重复　　打印时间：202×年 12 月 15 日

此联是付款人开户银行给付款人的回单或付款通知

39-2

项目竣工验收单

	董蒲	孙庆	李蒲		王之
备注					
验收单位（盖章） 负责人盖章：李蒲		施工单位（盖章） 负责人盖章：张俊		使用单位（盖章） 负责人盖章：董蒲	
项目名称	出包厂房扩建工程		批准日期	202×年7月8日	
项目性质	自用		完成日期	202×年12月15日	
合同金额	￥190000.00		追加金额	￥3422.00	
承包单位	北京兴隆建筑公司		承包方负责人	连建	
预算价	￥200000.00		决算价	￥193422	
结构类型	砖混结构		建筑面积	200 m^2	
验收意见	经验查，质量达到设计要求，同意交付使用				
验收人员	使用部门	外请专家	企业主管	安全员	财务科
	董蒲	孙庆	李蒲		王之
备注					
验收单位（盖章） 负责人盖章：李蒲		施工单位（盖章） 负责人盖章：张俊		使用单位（盖章） 负责人盖章：董蒲	

39-3

北京增值税专用发票

（印章：全国统一发票监制章 国家税务总局监制 北京）发票联

1100042140　　　　　　　　No 00126588

开票日期：202×年 12 月 15 日

购货单位	名　称：北京市西飞机械制造有限责任公司 纳税人识别号：110106005566099000 地 址 、电 话：北京市开发区 228 号 62500188 开户行及账号：工商银行西坝河分理处 0200538801093378911			密码区	154766/97735＊748＊12－9590003＜39＊75＋－－/＜8＋＊ 53＞205－84＋83＞04＊27/73－＋07629104 ＋＜94＊－629 ＋7401		
货物或应税劳务、服务名称	规格型号	单　位	数　量	单　价	金　额	税　率	税　额
建筑服务			1	16442.20	16442.20	9%	1479.80
合　计					￥16442.20		￥1479.80
价税合计(大写)	⊗壹万柒仟玖佰贰拾贰圆整			（小写）￥17922.00			
销货单位	名　称：北京兴隆建筑公司 纳税人识别号：91110116569289418D 地 址 、电 话：北京市怀柔区 175 号 58890265 开户行及账号：工商银行怀柔区支行 0210129003022649968			备注	（印章：北京兴隆建筑公司 发票专用章）		

收款人：　　　　复核：　　　　开票人：柳青　　　　销售方：（章）

第三联　发票联　购货方记账凭证

40.

40-1

北京增值税专用发票

发 票 联

1100042140

No 00121268

开票日期：202×年12月15日

购货单位	名称：北京市西飞机械制造有限责任公司 纳税人识别号：110106005566099000 地址、电话：北京市开发区228号 62500188 开户行及账号：工商银行西坝河分理处 0200538801093378911			密码区	84 * +>/849363748 * 12－9590003<39 * 75+－－/<8+ * 53>205－84+83>04 * 27/73－+07629104 +<94 * －629 +7401		
货物或应税劳务、服务名称	规格型号	单位	数量	单价	金额	税率	税额
水费		吨	2100	2.00	4200.00	13%	546.00
合计					¥4200.00		¥546.00
价税合计(大写)	⊗肆仟柒佰肆拾陆圆整				(小写)¥4746.00		
销货单位	名称：北京顺发自来水公司 纳税人识别号：110100087623546000 地址、电话：北京市开发区195号 62508842 开户行及账号：工商银行延庆县支行 0210117703039847847				备注	北京顺发自来水公司 发票专用章	

第三联 发票联 购货方记账凭证

收款人：　　复核：　　开票人：王丽　　销售方：(章)

40-2

中国工商银行业务回单(付款)

日期：202×年 12 月 9 日

回单编号：21120005753

付款人户名：北京市西飞机械制造有限责任公司　　付款人开户行：中国工商银行北京市分行西坝河分理处

付款人账号(卡号)：0200538801093378911

收款人户名：北京顺发自来水公司　　收款人开户行：中国工商银行北京市分行延庆县支行

收款人账号(卡号)：0210117703039847847

金额：⊗肆仟柒佰肆拾陆元整　　小写：4746.00 元

业务(产品)种类：代理业务	凭证种类：000000000	凭证号码：000000000000000000	
摘要：	用途：	币种：	
交易机构：0020001576	记账柜员：00001	交易代码：70159	渠道：批量业务
代理业务种类名称：	合同号：	账期：	

费用明细：

本回单为第 1 次打印,注意重复　　打印时间：202×年 12 月 9 日

此联是付款人开户行交给付款人的回单或付款通知

41.

41-1

北京增值税专用发票

记账联

1100042140

No 01005515

开票日期：202×年 12 月 16 日

购货单位	名称：北京景顺有限公司 纳税人识别号：110106005567432000 地址、电话：北京市房山区 335 号 99966633 开户行及账号：工商银行顺达分理处 0210889901093378848			密码区	84920＋529＜＋4992－8202＞/8498＊40－739＋200＞－739＊230＋950＞30－17＋＜10＊02105＋85490＜＋＊75992－＞/843		
货物或应税劳务、服务名称	规格型号	单位	数量	单价	金额	税率	税额
甲产品		箱	2	3500.00	7000.00	13%	910.00
合计					¥7000.00		¥910.00
价税合计(大写)	⊗柒仟玖佰壹拾圆整				(小写)¥7910.00		
销货单位	名称：北京市西飞机械制造有限责任公司 纳税人识别号：110106005566099000 地址、电话：北京市开发区 228 号 62500188 开户行及账号：工商银行西坝河分理处 0200538801093378911			备注			

收款人： 复核： 开票人：马虹 销售方：(章)

第一联 记账联 销货方记账凭证

41-2

国家税务总局北京市开发区税务局
企业进货退出及索取折让证明单

(202×)乙1　　　　No. 00000158

<table>
<tr><td rowspan="2">销货单位</td><td>全称</td><td colspan="4">北京市西飞机械制造有限责任公司</td></tr>
<tr><td>税务登记号</td><td colspan="4">110106005566099000</td></tr>
<tr><td rowspan="4">进货
退出</td><td>货物名称</td><td>单价</td><td>数量</td><td>货款</td><td>税额</td></tr>
<tr><td>甲产品</td><td>3500.00</td><td>2</td><td>￥7000.00</td><td>￥910.00</td></tr>
<tr><td></td><td></td><td></td><td></td><td></td></tr>
<tr><td></td><td></td><td></td><td></td><td></td></tr>
<tr><td rowspan="4">索取
折让</td><td rowspan="2">货物名称</td><td rowspan="2">货款</td><td rowspan="2">税额</td><td colspan="2">要求</td></tr>
<tr><td>折让金额</td><td>折让税额</td></tr>
<tr><td></td><td></td><td></td><td></td><td></td></tr>
<tr><td></td><td></td><td></td><td></td><td></td></tr>
<tr><td>退货或
索取折
让理由</td><td colspan="2">质量不合格
经办人：董[illegible]
单位盖章：
202×年12月8日</td><td>税务征收
机关签章</td><td colspan="2">经办人：赵明
202×年12月12日</td></tr>
<tr><td rowspan="2">购货单位</td><td>全称</td><td colspan="4">北京景顺有限公司</td></tr>
<tr><td>税务登记号</td><td colspan="4">110106005567432000</td></tr>
</table>

北京景顺有限公司 发票专用章

国家税务总局北京市开发区税务局 业务专用章

41-3

中国工商银行业务回单(付款)

日期：202×年 12 月 16 日
回单编号：21120000226

付款人户名：北京市西飞机械制造有限责任公司		付款人开户行：中国工商银行北京市分行西坝河分理处	
付款人账号(卡号)：0200538801093378911			
收款人户名：北京景顺有限公司		收款人开户行：中国工商银行北京市分行顺达分理处	
收款人账号(卡号)：0210889901093378848			
金额：⊗柒仟玖佰壹拾元整		小写：7910.00 元	
业务(产品)种类：代理业务	凭证种类：000000000	凭证号码：000000000000000000	
摘要：	用途：	币种：	
交易机构：0020001323	记账柜员：00002	交易代码：70259	渠道：批量业务
代理业务种类名称：	合同号：	账期：	
费用明细：			

本回单为第 1 次打印,注意重复　　打印时间：202×年 12 月 16 日

此联是付款人开户行交给付款人的回单或付款通知

42.

42-1

北京增值税专用发票

发票联

1100042140

No 01004389

开票日期：202×年12月16日

购货单位	名　　称：北京市西飞机械制造有限责任公司 纳税人识别号：110106005566099000 地 址 、电 话：北京市开发区228号 62500188 开户行及账号：工商银行西坝河分理处 0200538801093378911			密码区	＊6439＋93206＞849－80185408－＋/840＊＞12＜－＋ 94990285＋－31＞9/02＊9300－＋＞95＊5243/9＋9392/		
货物或应税劳务、服务名称	规格型号	单位	数量	单价	金额	税率	税额
电费		度	55050	0.40	22020.00	13%	2862.60
合　计					¥22020.00		¥2862.60
价税合计(大写)	⊗贰万肆仟捌佰捌拾贰圆陆角整				(小写)¥24882.60		
销货单位	名　　称：北京永发电力局 纳税人识别号：110100033623546000 地 址 、电 话：北京市开发路295号 33399955 开户行及账号：工商银行永安分理处 0210992103045847847				备注	北京永发电力局 发票专用章	

收款人：　　复核：　　开票人：李林　　销售方：(章)

第三联　发票联　购货方记账凭证

42-2

中国工商银行业务回单(付款)

日期：202×年 12 月 19 日

回单编号：21120005456

付款人户名：北京市西飞机械制造有限责任公司　　付款人开户行：中国工商银行北京市分行西坝河分理处

付款人账号(卡号)：0200538801093378911

收款人户名：北京永发电力局　　收款人开户行：中国工商银行永安分理处

收款人账号(卡号)：0210992103045847847

金额：⊗贰万肆仟捌佰捌拾贰元陆角零分　　小写：24882.60 元

业务(产品)种类：代理业务	凭证种类：000000000	凭证号码：00000000000000000	
摘要：	用途：	币种：	
交易机构：0020000055	记账柜员：00001	交易代码：70742	渠道：批量业务
代理业务种类名称：	合同号：	账期：	

费用明细：

本回单为第 1 次打印，注意重复　　打印时间：202×年 12 月 19 日

此联是付款人开户行交给付款人的回单或付款通知

43.

中国工商银行业务回单（收款）

日期：202×年12月4日		
回单编号：21120001321		
付款人户名：北京华光公司		付款人开户行：中国工商银行惠风分理处
付款人账号（卡号）：0200518001895422086		
收款人户名：北京市西飞机械制造有限责任公司		收款人开户行：中国工商银行北京市分行西坝河分理处
收款人账号（卡号）：0200538801093378911		
金额：⊗贰万捌仟元整		小写：28000.00元
业务（产品）种类：代理业务	凭证种类：000000000	凭证号码：00000000000000000
摘要：	用途：	币种：人民币
交易机构：0020000987	记账柜员：00003	交易代码：70159　渠道：批量业务
客户附言：		
汇出行：		汇出行名称：中国工商银行惠风分理处

本回单为第1次打印，注意重复　打印时间：202×年12月4日

此联是收款人开户行交给收款人的回单或收款通知

44.

44-1

中国工商银行业务回单（收款）

日期：202×年 12 月 4 日

回单编号：21120001321

付款人户名：北京顺通公司　　付款人开户行：中国工商银行海淀分理处

付款人账号（卡号）：0200772201039928869

收款人户名：北京市西飞机械制造有限责任公司　　收款人开户行：中国工商银行北京市分行西坝河分理处

收款人账号（卡号）：0200538801093378911

金额：⊗壹万叁仟伍佰元整　　小写：13500.00 元

业务（产品）种类：代理业务　　凭证种类：000000000　　凭证号码：00000000000000000

摘要：　　用途：　　币种：人民币

交易机构：0020000357　　记账柜员：00003　　交易代码：70286　　渠道：批量业务

客户附言：

汇出行：　　汇出行名称：中国工商银行海淀分理处

本回单为第 1 次打印，注意重复　　打印时间：202×年 12 月 4 日

此联是收款人开户行交给收款人的回单或收款通知

44-2

北京增值税专用发票

记 账 联

国家税务总局监制

1100042140

No 01254598

开票日期：202×年 12 月 16 日

购货单位	名　　称：北京顺通公司 纳税人识别号：110106005563368000 地 址 、电 话：北京市海淀区 153 号 59968635 开户行及账号：工商银行海淀分理处 0200772201039928869	密码区	194730/68354 * 2－8202＞/8498 * 40－739＋200＞－739 * 230＋950＞30－17＋＜10 * 02105＋85490＜＋ * 75992－＞/843

货物或应税劳务、服务名称	规格型号	单　位	数　量	单　价	金　额	税　率	税　额
*现代服务*技术转让服务			1	127358.49	127358.49	6%	7641.51
合　计					¥127358.49		¥7641.51
价税合计（大写）	⊗壹拾叁万伍仟圆整				（小写）¥135000.00		

销货单位	名　　称：北京市西飞机械制造有限责任公司 纳税人识别号：110106005566099000 地 址 、电 话：北京市开发区 228 号 62500188 开户行及账号：工商银行西坝河分理处 0200538801093378911	备注	

收款人：　　复核：　　开票人：马虹　　销售方：（章）

第一联　记账联　销货方记账凭证

45.

45-1

借款利息计算表

借款期间：202×年 6 月 20 日——202×年 12 月 20 日

借款性质	借款证号	借款金额	借款利率	借款利息	已提利息	合计
短期借款	004	36000.00	7.2%	144.00	1152.00	1296.00

审核：王之　　　　制单：马虹

45-2

中国工商银行贷款还款凭证

收款日期　202×年 12 月 20 日　　　　号码：

借款单位名称	北京市西飞机械制造有限责任公司	贷款账号	201145488	结算账号	0200538801093378911				
还款金额(大写)	⊗叁万陆仟元整	千	百	十	万	千	百	十	元	角	分
				¥	3	6	0	0	0	0	0
贷款种类	流动资金借款	借出日期	202×年 06 月 20 日	原约定还款日期	202×年 12 月 20 日				

上述借款请从本单位 0200538801093378911 存款户中支付。
借款单位盖章　李蒲印

会计分录：
收：
付：
复核员：　　记账员：

第三联　偿还贷款收据

45-3

中国工商银行计算利息清单

202×年 12 月 20 日

户名	北京市西飞机械制造有限责任公司								账号				0200538801093378911									
开户银行	中国工商银行北京市分行西坝河分理处																					
起息日期	结期日期	天数	积数										利率	利息								
			千	百	十	万	千	百	十	元	角	分	7.2%	百	千	万	千	百	十	元	角	分
					¥	3	6	0	0	0	0	0				¥	1	2	9	6	0	0
上列贷款利息，已从你单位 0200538801093378911 存款中支付。 银行盖章									科目 对方科目 复核员：　　记账员：													

46.

中国工商银行业务回单(收款)

日期:202×年 12 月 20 日
回单编号:21120001139
付款人户名:湖北硕实公司　　付款人开户行:中国工商银行安华分理处
付款人账号(卡号):18141790603883348217
收款人户名:北京市西飞机械制造有限责任公司　　收款人开户行:中国工商银行北京市分行西坝河分理处
收款人账号(卡号):0200538801093378911
金额:⊗壹仟肆佰零肆元整　　小写:1404.00 元
业务(产品)种类:代理业务　　凭证种类:000000000　　凭证号码:0000000000000000
摘要:　　用途:　　币种:人民币
交易机构:0020000846　　记账柜员:00003　　交易代码:70719　　渠道:批量业务
客户附言:
汇出行:　　汇出行名称:中国工商银行安华分理处

本回单为第 1 次打印,注意重复　　打印时间:202×年 12 月 20 日

此联是收款人开户行交给收款人的回单或收款通知

47.

北京证券开发路营业所

202×年 12 月 20 日	成交过户交割凭证　　　　买
公司代码：12345 股东账号：12345678 资金账号：8868 股东姓名：北京市西飞机械制造有限责任公司	证券名称：大众交通 代码：600611 成交数量：3000 成交价格：45 成交金额：135000
申请编号：763 申请时间：09：25：09 成交时间：09：30：02 资金前金额：250640.10 资金余额：114519.60 证券前余额：0 股 本次余额：3000 股	标准佣金：580.50 过户费用： 印花税：540.00 附加费用： 其他费用： 实际收付金额：136120.50
备注：股票买卖	

48.

同意将一年前收到的包装物押金 2100 元，作为其他业务收入转账。

总经理：李蒲　　　　会计主管：王之

202×年 12 月 20 日　　　　202×年 12 月 20 日

49.

借 款 单

资金性质　　　　202×年 12 月 21 日

借款单位：行政部门		
借款理由：定额备用金		
借款数额：人民币(大写)⊗捌佰元整　　¥800.00 元		
单位负责人意见：林宇　　借款人：李云		
会计主管核批：王之	付款方式：现金支票	出纳：红英

50.

中国工商银行　　现金支票存根

支票号码　XIII100001111

科　　目：

对方科目：

出票日期　202×年 12 月 23 日

收款人：北京市西飞机械制造有限责任公司
金额：179225.00
用途：备发工资
备注：

单位主管：　　　　会计：

51.

工资结算汇总表

202×年12月23日

部门名称	基本工资		辅助工资			缺勤扣款				应付工资	代扣款项			实发工资
	标准工资	岗位工资	工资性津贴	职务补贴	奖金	病假扣款	事假扣款	…	合计		个人所得税	…	合计	
一、动力车间小计	19 340	9 630	8 430	400	27 614	4	10	…	14	65 400	570	…	570	63 830
生产工人	18 500	9 120	8 080		26 714	4	10	…	14	62 400	494	…	494	61 906
车间管理人员	840	510	350	400	900			…		3 000	76	…	76	2 924
二、动力车间	1 080	580	510	300	1 130			…		3 600	30	…	30	3 570
三、销售部	1 820	1 110	1 020	600	8 050.31	63.31	37	…	100.31	12 500	625	…	625	11 875
四、管理部门小计	19 040	12 480	10 270	8 100	47 210			…		97 100	5 690	…	5 690	91 410
企划部	4 850	3 450	3 300	2 400	11 100			…		25 100	1 815	…	1 815	23 285
财务部	1 940	1 100	950	600	3 700			…		8 290	361	…	361	7 929
科研中心	8 650	7 080	5 370	4 550	28 710			…		54 360	3 134	…	3 134	51 226
供应部	2 050	450	350	300	1 900			…		5 050	205	…	205	4 845
库房	1 550	400	300	250	1 800			…		4 300	175	…	175	4 125
五、福利部门	1 870	1 080	900	750	3 300					7 900	360		360	7 540
工资总额合计	43 150	24 880	21 130	10 150	87 304.31				114.31	186 500	7 275		7 275	179 225

主管：李蒲　　　　审核：王之　　　　制表：唐请

52.

北京证券开发路营业所

202×年 12 月 27 日　　　　成交过户交割凭单	买
公司代码：12345 股东账号：12345678 资金账号：8868 股东姓名：北京市西飞机械制造有限责任公司	证券名称：大众交通；代码：600611 成交数量：3000 成交价格：1 成交金额：3000.00
申请编号：763 申请时间：10：02：39 成交时间：10：02：45 资金前金额：114519.60 资金余额：117519.60 证券前余额：3000 股 本次余额：3000 股	标准佣金： 过户费用： 印花税： 附加费用： 其他费用： 实际收付金额：3000.00
备注：发放股利	

53.

53-1

无形资产价值摊销表

202×年12月31日

无形资产名称	账面价值	本月摊销额	摊余价值
002＃专利权		2000	
合计			

财务主管：　　　　　　　　制表：

53-2

财产保险费摊销表

202×年12月31日

保险资产名称	账面价值	本月摊销额	摊余价值
合计			

财务主管：　　　　　　　　制表：

54.

54-1

中国工商银行现金存款凭证

年　　月　　日

<table>
<tr><td rowspan="3">收款人</td><td>全称</td><td colspan="12"></td></tr>
<tr><td>账号</td><td colspan="4"></td><td colspan="3">款项来源</td><td colspan="5"></td></tr>
<tr><td>开户行</td><td colspan="4"></td><td colspan="3">交款人</td><td colspan="5"></td></tr>
<tr><td colspan="4">金额大写</td><td>千</td><td>百</td><td>十</td><td>万</td><td>千</td><td>百</td><td>十</td><td>元</td><td>角</td><td>分</td></tr>
<tr><td colspan="4"></td><td></td><td></td><td></td><td></td><td></td><td></td><td></td><td></td><td></td><td></td></tr>
<tr><td>票面</td><td>张数</td><td>票面</td><td>张数</td><td>票面</td><td>张数</td><td colspan="8">会计分录：
借：
贷：
记账　　　　复核
出纳　　　　复核</td></tr>
</table>

注：客户未填列币种视为人民币存款。

附资料：(此表不做原始凭证)

现　钞　清　单

票面	张数	票面	张数
100	16	2	1
50	4	1	
20		0.10	3
10	1	0.05	1
5		0.01	4

54-2

收　据

202×年 12 月 31 日　　　　No：0382289

今收到　生产车间					
人民币（大写）⊗壹仟捌佰壹拾贰元叁角玖分				￥1812.39	
事由： 马聪违规操作罚款				现金：√	
				支票：	
收款单位		财务主管		收款人	红英

第二联　记账

55.

55-1

北京增值税专用发票

记账联

国家税务总局监制

1100042140

No 01004389

开票日期：202×年12月18日

购货单位	名　　称：河北玉田公司 纳税人识别号：440106683243212000 地址、电话：河北廊坊开发区14号 22255500 开户行及账号：廊坊工行分理处 0410889901895432541			密码区	1049＋＜84＊/920－821/8496390＋＞＋920＊9502＜－82＋ 9482－＊75902＞085380＋30＜＋9430/＊93		
货物或应税劳务、服务名称	规格型号	单位	数量	单价	金额	税率	税额
甲产品		箱	20	3500.00	70000.00	13%	9100.00
合　计					￥70000.00		￥9100.00
价税合计(大写)	⊗柒万玖仟壹佰圆整				（小写）￥79100.00		
销货单位	名　　称：北京市西飞机械制造有限责任公司 纳税人识别号：110106005566099000 地址、电话：北京市开发区228号 62500188 开户行及账号：工商银行西坝河分理处 0200538801093378911			备注			

第一联　记账联　销货方记账凭证

收款人：　　复核：　　开票人：马虹　　销售方：（章）

55-2

中国工商银行业务回单（收款）

日期：202×年 12 月 31 日
回单编号：21120001139
付款人户名：河北玉田公司　　付款人开户行：廊坊工行分理处
付款人账号（卡号）：0410889901895432541
收款人户名：北京市西飞机械制造有限责任公司　　收款人开户行：中国工商银行北京市分行西坝河分理处
收款人账号（卡号）：0200538801093378911
金额：⊗柒万玖仟壹佰元整　　小写：79100.00 元
业务（产品）种类：代理业务　　凭证种类：000000000　　凭证号码：00000000000000000
摘要：　　用途：　　币种：人民币
交易机构：0020000956　　记账柜员：00003　　交易代码：70737　　渠道：批量业务
客户附言：
汇出行：　　汇出行名称：廊坊工行分理处

本回单为第 1 次打印，注意重复　　打印时间：202×年 12 月 31 日

收款人的回单或收款通知
此联是收款人开户行交给

56.

56-1

北京增值税专用发票

记　账　联

1100042140

No 01004389

开票日期：202×年12月31日

购货单位	名　　称：广东昌荣公司 纳税人识别号：440106683243212000 地址、电话：广州市开发区14号 22255500 开户行及账号：开发区分理处 3602191801895432054			密码区	204－83/<37＊812189382＋－3894>859/＊75802－/<2848 －729＊＋7901－85/>01554747－＊5801－>－＋820－		
货物或应税劳务、服务名称	规格型号	单位	数量	单价	金额	税率	税额
甲产品		箱	80	3500.00	280000.00	13%	36400.00
合　计					¥280000.00		¥36400.00
价税合计（大写）	⊗叁拾壹万陆仟肆佰圆整				（小写）¥316400.00		
销货单位	名　　称：北京市西飞机械制造有限责任公司 纳税人识别号：110106005566099000 地址、电话：北京市开发区228号 62500188 开户行及账号：工商银行西坝河分理处 0200538801093378911			备注			

第一联　记账联　销货方记账凭证

收款人：　　复核：　　开票人：马虹　　销售方：（章）

56-2

托收承付凭证（回单）　1

委托号码

委邮　　委托日期：202×年 12 月 31 日　　付款期限　202×年 12 月 31 日　　第　号

<table>
<tr><td rowspan="3">付款人</td><td>全　称</td><td>广东昌荣公司</td><td rowspan="3">收款人</td><td>全　称</td><td colspan="10">北京市西飞机械制造有限责任公司</td></tr>
<tr><td>账　号</td><td>3602191801895432054</td><td>账　号</td><td colspan="10">0200538801093378911</td></tr>
<tr><td>开户银行</td><td>中国工商银行开发区分理处</td><td>开户银行</td><td colspan="10">中国工商银行北京市分行西坝河分理处</td></tr>
<tr><td colspan="2" rowspan="2">托收金额</td><td colspan="3" rowspan="2">人民币（大写）⊗叁拾壹万陆仟肆佰零拾零元零角零分</td><td>千</td><td>百</td><td>十</td><td>万</td><td>千</td><td>百</td><td>十</td><td>元</td><td>角</td><td>分</td></tr>
<tr><td></td><td>¥</td><td>3</td><td>1</td><td>6</td><td>4</td><td>0</td><td>0</td><td>0</td><td>0</td></tr>
<tr><td colspan="2">附件　增值税发票</td><td colspan="3">商品发运情况</td><td colspan="10">合同名称号码</td></tr>
<tr><td>附寄单证张数或册数</td><td>2</td><td colspan="3">铁路托运</td><td colspan="10"></td></tr>
<tr><td colspan="2">备注：</td><td colspan="3">款项收妥日
年　月　日</td><td colspan="10">收款人开户银行盖章
202×年 12 月 31 日</td></tr>
</table>

56-3

中国工商银行收费凭证

202×年 12 月 31 日　　　　第　　号

户名	北京市西飞机械制造有限责任公司		开户银行	中国工商银行北京市分行西坝河分理处						
账号	0200538801093378911		收费种类	手续费						
1. 客户购买凭证时在“收费种类”栏填写工本费，在“凭证种类”栏填写所购凭证名称。 2. 客户在办理结算业务时，在“收费种类”栏分别填写手续费或邮电费，在“结算种类”栏填写办理的结算方式	凭证(结算)种类	单价	数量	金额						
				万	千	百	十	元	角	分
	托收承付凭证						5	0	0	0
	合计 人民币(大写) 伍拾元整					¥	5	0	0	0

第一联 回单

复核：　　　　记账：

57.

57-1

北京增值税专用发票

记账联（国家税务总局监制）

1100042140

No 01005517

开票日期：202×年12月31日

购货单位	名　称：北京宏发公司 纳税人识别号：110106635264230000 地址、电话：北京市九龙山114号 11122277 开户行及账号：工商银行九龙山分理处 0210043389534465585	密码区	+930＊852−0/<8−0851−820858>+74910＊614+091449 −90>/+8501−/85＊9150409−2+2−15/>−8519＊		

货物或应税劳务、服务名称	规格型号	单位	数量	单价	金额	税率	税额
乙产品		箱	120	2500.00	300000.00	13%	39000.00
合　计					¥300000.00		¥39000.00
价税合计（大写）	⊗叁拾叁万玖仟圆整				（小写）¥339000.00		

销货单位	名　称：北京市西飞机械制造有限责任公司 纳税人识别号：110106005566099000 地址、电话：北京市开发区228号 62500188 开户行及账号：工商银行西坝河分理处 0200538801093378911	备注	

收款人：　　复核：　　开票人：马虹　　销售方：（章）

第一联 记账联 销货方记账凭证

57-2

中国工商银行业务回单（收款）

日期：202×年 12 月 31 日
回单编号：21120001139
付款人户名：北京宏发公司　　付款人开户行：中国工商银行九龙山分理处
付款人账号（卡号）：0210043389534465585
收款人户名：北京市西飞机械制造有限责任公司　　收款人开户行：中国工商银行北京市分行西坝河分理处
收款人账号（卡号）：0200538801093378911
金额：⊗叁拾叁万玖仟元整　　小写：339000.00 元
业务（产品）种类：代理业务　　凭证种类：000000000　　凭证号码：00000000000000000
摘要：　　用途：　　币种：人民币
交易机构：0020000649　　记账柜员：00003　　交易代码：70728　　渠道：批量业务
客户附言：
汇出行：　　汇出行名称：中国工商银行九龙山分理处

本回单为第 1 次打印，注意重复　　打印时间：202×年 12 月 31 日

此联是收款人开户行交给收款人的回单或收款通知

58.

收料凭证汇总表

年　　月　　日　　　　附单据　　张

单位：元

材料名称	原料及主要材料			……	合计		
	实际成本	计划成本	差异额	……	实际成本	计划成本	差异额
合计							

财务主管：　　　　制表人：

59.

59-1

领　料　单

仓库：材料库　　　　202×年12月1日　　　　领料单编号：L-01

编号	类别	材料名称	规格	单位	数量		计划价格	
					请领	实发	单价	金额
		A材料		千克	620	620		
用途	加工车间使用				领料部门		发料部门	
					负责人	领料人	核准人	发料人
					董蒲	田力	严实	李梦

59-2

领　料　单

仓库：材料库　　　　202×年12月15日　　　　领料单编号：L-04

编号	类别	材料名称	规格	单位	数量		计划价格	
					请领	实发	单价	金额
		A材料		千克	400	400		
用途	加工车间使用				领料部门		发料部门	
					负责人	领料人	核准人	发料人
					董蒲	田力	严实	李梦

59-3

领 料 单

仓库：材料库　　202×年 12 月 2 日　　领料单编号：L-03

编号	类别	材料名称	规格	单位	数量		计划价格	
					请领	实发	单价	金额
		B 材料		千克	1 500	1 500		
用途	加工车间使用				领料部门		发料部门	
					负责人	领料人	核准人	发料人
					董蒲	田力	严实	李梦

59-4

领 料 单

仓库：材料库　　202×年 12 月 2 日　　领料单编号：L-05

编号	类别	材料名称	规格	单位	数量		计划价格	
					请领	实发	单价	金额
		B 材料		千克	80	80		
用途	企划部使用				领料部门		发料部门	
					负责人	领料人	核准人	发料人
					董蒲	田力	严实	李梦

59-5

发料凭证汇总表

年　　月　　日　　　　附单据　张

部　门	材料名称	领用数量（千克）	计划单价	计划总额
	小计			
合计				

财务主管：　　　　制表人：

59-6

共耗材料费用分配表

材料名称　　　　年　　月　　日

产品名称	单　位	投产量	单位产品材料消耗定额	材料定额用量	分配率	应分配材料计划成本
合计						

财务主管：　　　　制表人：

59-7

共耗材料费用分配表

年 月 日

材料名称

产品名称	单位	投产量	单位产品材料消耗定额	材料定额用量	分配率	应分配材料计划成本
合计						

财务主管： 制表人：

59-8

材料费用分配汇总表

年 月 日

单位：元

应借科目	投产量	共耗原材料的分配			直接耗用的原材料费用	耗用原材料费用总额
		分配标准	分配率	应分配的原材料费用		
合计						

财务主管： 制表人：

59-9

发出材料成本差异计算表

年　月　日

单位：元

应借科目	明细科目	发出材料计划成本	差异率	差异额
合计				

财务主管：　　　　制表人：

60.

各部门用水量记录

202×年12月31日

使用部门	单价(元/立方米)	用水量(立方米)
加工车间		150
动力部门		1 400
管理部门		150
销售部门		50
食　堂		350
合　计	2	2 100

61.

各部门用水分配表

年　　月　　日

使用部门	单价(元/立方米)	用水量(立方米)	金额(元)
合计			

财务主管：　　　　　　　　制表：

62.

工资费用分配表

年　　月　　日　　　　单位：元

应借科目		生产工人工资额分配			直接工资	合计
		生产工时	分配率	分配金额		
	小计					
合计						

财务主管：　　　　制表：

63.

63-1

职工福利费计提分配表

年　　月　　日　　　　　　　　单位：元

应借科目		计提基数	应付福利费	
			计提比例	计提金额
	小计			
合计				

财务主管：　　　　　　　　制单：

63-2

工会经费及职工教育经费计提分配表

年　月　日　　　　单位：元

应借科目	计提基数	工会经费		职工教育经费	
		计提费用	计提金额	计提比例	计提金额
合计					

财务主管：　　　　制单：

64.

固定资产修理费用表

年　月　日

部门	设备名称	应借科目	金额
			2 600.00
合计			￥2 600.00

财务主管：　　　　制单：

65.

固定资产折旧计算表

年　　月　　日　　　　　　　　单位：元

使用单位	固定资产类别	月初应计折旧固定资产原值	月分类折旧率	月折旧额
加工车间	房屋及构筑物	1 000 000.00	0.8	
	通用设备	5 992 000.00	2.0	
	电子设备及其他通信设备	4 000.00	2.0	
	交通运输设备	4 000.00	2.0	
	小计	7 000 000.00		
动力车间	房屋及构筑物			
	通用设备	75 000.00	0.8	
	电子设备及其他通信设备	10 000.00	2.0	
	小计	85 000.00		
库房	房屋及构筑物	112 000.00	0.8	
	通用设备		2.0	
	电子设备及其他通信设备	8 000.00	2.0	
	小计	120 000.00		
科研中心	房屋及构筑物	2 000 000.00	0.8	
	通用设备		2.0	
	电子设备及其他通信设备	500 000.00	2.0	
	小计	2 500 000.00		
财务科	房屋及构筑物	2 000 000.00	0.8	
	通用设备		2.0	
	电子设备及其他通信设备	10 000.00	2.0	
	小计	2 010 000.00		

续表

使用单位	固定资产类别	月初应计折旧固定资产原值	月分类折旧率	月折旧额
企划科	房屋及构筑物	250 000.00	0.8	
	通用设备		2.0	
	电子设备及其他通信设备	100 000.00	2.0	
	交通运输设备	450 000.00	2.0	
	小计	800 000.00		
供应科	房屋及构筑物	100 000.00	0.8	
	通用设备		2.0	
	电子设备及其他通信设备	4 000.00	2.0	
	小计	104 000.00		
销售科	房屋及构筑物	300 000.00	0.8	
	通用设备		2.0	
	电子设备及其他通信设备	4 000.00	2.0	
	小计	304 000.00		
食堂	房屋及构筑物	24 000.00	0.8	
	通用设备		2.0	
	电子设备及其他通信设备	4 000.00	2.0	
	交通运输设备	50 000.00	2.0	
	小计	78 000.00		
合计		13 001 000.00		

审核人：　　　　　　　　　　制表人：

66.

66-1

各部门受益数量统计表

202×年 12 月 31 日　　单位：度

部门		接受劳务数量(度)	备注
动力车间		1 412	
加工部门	生产用	43 900	
	管理用	1 000	
	小计	44 900	
管理部门	库房	300	
	科研中心	6 500	
	财务科	800	
	企划科	800	
	供应科	300	
	小计	8 700	
销售部		1 050	
食堂		400	
合计		56 462	

制表人：董力

66-2

辅助生产费用分配表

年　　月　　日　　　　　　　　单位：元

辅助生产车间名称				合计
待分配辅助生产费用				
分配劳务总量(度)				
费用分配率				
		耗用数量		
		分配数量		
		耗用数量		
		分配数量		
		耗用数量		
		分配数量		
		耗用数量		
		分配数量		
		耗用数量		
		分配数量		

财务主管：　　　　　　　　　　　　制表人：

66-3

辅助生产费用分配表

年　月　日　　单位：元

车间	产品	实际工时	分配率	分配金额
合计				

财务主管：　　制表人：

67.

制造费用分配表

车间：　　年　月　日　　单位：元

分配对象(产品)	分配标准(实际工时)	分配率(单位成本)	分配金额
合计			

财务主管：　　制表人：

68.（5 张产品入库单省略）

68-1

入库产品汇总表

第 1201 号

科目________　　日期：202×年 12 月 31 日　　对方科目________

名称	单位	数量	单价	金额									备注
				百	十	万	千	百	十	元	角	分	
甲产品	箱	80											
乙产品	箱	160											
合计													

附件 5 张

主管：　　会计：　　质检员：张莉　　保管员：李渊　　经手人：董蒲

68-2

完工产品与月末在产品成本分配表

产品： 年 月 日 单位：元

成本项目	月初在产品成本	本月生产费用	合计	完工产品产量	月末在产品约当产量	单位成本	月末在产品成本	完工产品成本
直接材料								
直接人工								
制造费用								
合计								

财务主管： 制表：

68-3

完工产品与月末在产品成本分配表

产品： 年 月 日 单位：元

成本项目	月初在产品成本	本月生产费用	合计	完工产品产量	月末在产品约当产量	单位成本	月末在产品成本	完工产品成本
直接材料								
直接人工								
制造费用								
合计								

财务主管： 制表：

68-4

完工产品成本汇总表

年 月 日

附单据 张

单位：元

产品名称	计量单位	产量	直接材料	直接人工	制造费用	总成本	单位成本

财务主管： 制表：

69.

69-1

出库产品汇总表

第 116 号

科目__________ 日期：202×年 12 月 31 日 对方科目________

名称	单位	数量	单价	金额									用途或原因
				百	十	万	千	百	十	元	角	分	
甲产品	箱												销售
乙产品	箱												销售
合计													

附件 5 张

主管： 会计： 保管员：李渊 经手人：张勤

69-2

产品出库单

购货单位：北京景顺有限公司　　202×年 12 月 4 日　　编号：XH101

用途	产品名称规格	单位	数量	单位成本	总成本	备注
销售	甲产品	箱	20			自提

主管：　　会计：　　保管员：李渊　　经手人：张勤

69-3

产品出库单

购货单位：山东光讯公司　　202×年 12 月 6 日　　编号：XH102

用途	产品名称规格	单位	数量	单位成本	总成本	备注
销售	乙产品	箱	30			铁路

主管：　　会计：　　保管员：李渊　　经手人：张勤

69-4

产品出库单

购货单位：上海祥和公司　　202×年 12 月 6 日　　编号：XH103

用途	产品名称规格	单位	数量	单位成本	总成本	备注
销售	甲产品	箱	3			铁路

主管：　　会计：　　保管员：李渊　　经手人：张勤

69-5

产品出库单

购货单位：北京景顺有限公司　　202×年12月16日　　编号：XH104

用途	产品名称规格	单位	数量	单位成本	总成本	备注
销售退回	甲产品	箱	2			

主管：　　会计：　　保管员：李渊　　经手人：张勤

69-6

产品出库单

购货单位：广东昌荣公司　　202×年12月31日　　编号：XH105

用途	产品名称规格	单位	数量	单位成本	总成本	备注
销售	甲产品	箱	80			公路

主管：　　会计：　　保管员：李渊　　经手人：张勤

69-7

产品出库单

购货单位：北京宏发公司　　202×年12月31日　　编号：XH106

用途	产品名称规格	单位	数量	单位成本	总成本	备注
销售	乙产品	箱	120			自提

主管：　　会计：　　保管员：李渊　　经手人：张勤

69-8

主营业务成本计算表

年　　月　　日

附单据　　张

单位：元

产品名称	期初结存			本期完工入库			本期销售		
	数量	单位成本	总成本	数量	单位成本	总成本	数量	单位成本	总成本
合计									

财务主管：　　　　制表：

70.

应交增值税计算表

年　　月　　日至　　月　　日　　　　单位：元

项目				销售额	税额	备注
销项	应税货物	货物名称	适用税率(%)			
		小计				
	应税劳务 1.					
进项	本期进项税额发生额					
	进项税额转出 1.					
应纳税额						

会计主管：　　　　制表：

71.

应交城建税、教育费附加计算表

年　　月　　日至　　月　　日　　　　单位：元

业务种类	计税基础		税率	计提金额
	增值税			
	1		2	3＝1×2
合计				

会计主管：　　　　制表：

72.

管理费用中列支的税金摊销表

年　　月　　日　　　　单位：元

项　　目	应计税基础	适用税率(额)	全年应提税额	本期应摊销税额	备注
房产税					
车船使用税					
土地使用税					
合计					

会计主管：　　　　制表：

73.

长期借款利息计算表

202×年 12 月 31 日　　　　单位：元

借款账号	计息期间	借款金额	借款利率	借款利息	已提利息	合计
006#	12.01-12.31	200 000.00	5.4%	900.00		900.00
004#	12.01-12.31	500 000.00	5.76%	2 400.00	55 200.00	557 600.00
003#	12.16-12.31	200 000.00	6%	500.00	3 500.00	4 000.00
002#	12.01-12.31	3 500 000.00	7.5%	21 875.00	700 000.00	721 875.00
合计		4 400 000.00		25 675.00	758 700.00	784 375.00

财务主管：王之　　　　制表：马虹

74.

材料盘亏(盈)处理通知单

202×年 12 月 31 日

经审查确认盘亏材料属于非常损失，盘亏材料处理如下：保管员常浩负担 500 元，其余做营业外支出处理。

总经理：李蒲　202×.12.31　　会计主管：王之　202×.12.31　　会计：马虹　202×.12.31

75.

企业所得税计算表

年　　月　　日至　　月　　日　　　　　　单位：元

项　　目	行数	本月数
一、营业收入	1	
减：营业成本	2	
税金及附加	3	
销售费用	4	
管理费用	10	
财务费用	11	
资产减值损失	13	
加：公允价值变动损益(损失以“－”号填列)	14	
投资收益(损失以“－”号填列)	15	
二、营业利润(亏损以“－”号列示)	16	
加：营业外收入	19	
减：营业外支出	23	
三、利润总额(亏损以“－”号列示)	25	
加(减)：纳税调整净额	27	
四、应纳税所得额	28	
适用税率	30	
五、应税所得税额	31	

会计主管：　　　　　　　　　　制表人：

76.

利润分配计算表

202×年度

利润分配项目	分配基数	分配比例	分配数
法定盈余公积金		10%	
法定公益金		5%	
合计			

材料主管： 制表人：